尋尋覓覓

— 內在探索之路

李 如 玉 著

文 學 叢 刊

文史哲出版社印行

國家圖書館出版品預行編目資料

尋尋覓覓：內在探索之路 / 李如玉著 -- 初版 --
臺北市：文史哲，民 103.09
頁；公分（文學叢刊；332）
ISBN 978-986-314-206-5（平裝）

1.靈修 2.自我實現

129.1　　　　　　　　　　103016536

文 學 叢 刊　332

尋 尋 覓 覓
── 內在探索之路

著　　者：李　　如　　玉
出 版 者：文 史 哲 出 版 社
http://www.lapen.com.tw
e-mail：lapen@ms74.hinet.net
登記證字號：行政院新聞局版臺業字五三三七號
發 行 人：彭　　正　　雄
發 行 所：文 史 哲 出 版 社
印 刷 者：文 史 哲 出 版 社
臺北市羅斯福路一段七十二巷四號
郵政劃撥帳號：一六一八○一七五
電話 886-2-23511028・傳真 886-2-23965656

定價新臺幣三八○元

中華民國一○三年（2014）九月初版

自　序

　　二〇一二年，吾承蒙文史哲出版社代為出版了一本短篇小說集──「無根的雲」，那是收藏了幾近三十年的舊作品，寫的都是上個世紀七、八十年代的東西（那個年代所發生的一些人和事物的鄉土小故事）；它可說是我前半生的一個記錄，只因那裡頭多多少少都有我自個的影子和我的參與。而在那之後吾卻毅然將筆束之高閣，不再寫了！轉而「內在探索」，從外在到內在，可說是個很大的轉變，也是一個很明顯的劃分線，它是我始料不及的！

　　打從上個世紀九十年代開始，我就選擇走在「內在探索」這條路上，迄今已近二十個年頭！說長不長，說短不短，它已佔去了我人生當中的將近四分一個世紀。試問現實人生有幾個四分一個世紀？是以吾在這個時候突興奇想重新執筆寫下「尋尋覓覓」這個篇章，或可謂之為我後半生的一個記錄吧，也算是對我自己的整個人生有個完整的交待，說明吾在內在探索這條道上並沒有光陰虛擲，對得起自己，也對得起天地。若能以它再次與人結緣，更是感恩不盡。

　　之所以為本書取名為「尋尋覓覓」，它或可說是我多年來在靈修道上（內在探索）的一個最貼切的寫照；一路來的跌跌撞撞，尋尋復覓覓，在摸索中前進，時而徬徨無助，時而柳暗花明，時而……。總之，一言難盡矣！然而，儘管求道難難於上青天，吾還是秉持一顆堅定不移之心，披荊斬棘，以祈走出一條生路，完成我人生中的最後一個使命，成就我心目中的那個「圓」。

　　在致函給文史哲出版社的彭雅雲小姐時，我同她說，這可是吾頭一遭練習寫長一點的篇章，事先並沒有什麼規劃，只是想到寫到，隨心所欲，也不知合不合規。總之，有個開始，就有個結束。覺得寫夠了，該停了，就及時剎車，同時請出個「程咬金」——我心愛的「濕娃神」來為我收場了事，就是這樣。

　　是以敬愛的讀者諸君，當您在讀著這部不合格的「創作」時，在「尋尋覓覓」中還望貴手高抬，多多包函，多多指教。

　　最後祝福大家，也順帶祝福吾自己。

　　　　　　　　2014 年 7 月 29 日於獅城半閒居

尋 尋 覓 覓
—— 內在探索之路

目　　次

第 一 篇
尋 牛 人 語

這座山，您攀爬了嗎？

　　我們每個人的內在，都有這麼一座山。這座山沒有名字，它不似「珠穆郎瑪峯」那樣，有個響噹噹的名號，遠近皆知。

　　這座山，我姑且命之爲「自我峯」。

　　這座自我峯，您聽說了嗎？或許您早已經知道了它的存在，只是暫時還沒想到要去親近它而已。

　　這座山，您攀爬了嗎？或許您正有這個打算（那敢情好）；又或許您會說，「這座山近到我都可摸得着，慢慢再說吧！還是先去爬珠穆郎瑪比較重要，人家是名山，世界之最呢！就算珠峯上不了，還有許多其他名山等著呢！」於是您將它排在最後。

　　似此不斷蹉跎下去，等到哪天您老去時，才突然想起還有座山沒去攀爬，可惜這時您人已經老到走不動了，於是您又說，「算了，等來世再說吧！」

　　就這樣，您錯過了一次又一次，一世又一世⋯⋯⋯⋯⋯⋯⋯⋯

⋯⋯⋯⋯⋯⋯⋯⋯⋯⋯⋯。

　　在這裡我只想說：這座山雖然沒有名氣，沒沒無聞，可它卻屬於您所有，它是您的寶藏，是值得您去探索的。您又何須捨近求遠呢？

　　而在攀越此峯之後所呈現出的另一番新風景，那些過來人都這麼說 ………

山與我

我愛山。

可卻未曾真正去爬過一座山，只為自己不是一個登山的能手。

而最早期所到過的"山"還是在我負笈台灣讀大專時所造訪過的陽明山、阿里山、與合歡山等。那個時候去看山就只為了看山；看它所背馱着的盛名。去陽明山是為了看櫻花，去捕捉那淡淡的三月天。去阿里山是為了看神木，然後抱抱神木拍拍照；還有那滿山滿嶺的霧，濃得化不開，走在霧裡，有點做神仙的感覺。去合歡山純粹是為了看雪，感受它那特有的冰寒之氣。

直至一九七三年來到獅城（新加坡）定居之後，才發覺原來獅城也有一座人人都愛去攀爬的武吉智馬山，只須花短短二十分鐘就可走到山頂。而後在山頂的木寮裡椅子上坐下來喘口氣，吹吹風，邊閉目養神，邊傾聽風兒在樹間呢喃低語，此時塵世已漸離我遠去……

我喜歡看山。

在西藏高原上。在布達拉宮外的廣場上，眺望遠處那一整環若隱若現，連綿不絕，起起伏伏底雪峰，是那般的遙不可及；它們是神仙的居住地，不是我凡人所能到的地方。再想想我內在不正也有着那麼一塊"神仙地"麼？它正等着我去探索哩！

二〇一一年的初春。春寒料峭。

我去了不丹。它就在喜馬拉雅山的裙擺下。喜馬拉雅很長很長，從東到西，從西到東，看也看不盡，數也數不清。而我所看到的只不過是她的一小塊裙角罷了。這就是人在山中，始知自身之渺小。或說人在山中，始知山無窮盡。

而這也就是喜馬拉雅所給予我的一種震撼跟感受。

曲線優美的圓

從未想過要去走內在探索這條路。

或許是前世的前世很多世以前我就已經走在這條道上了。而今世也只不過是個延續罷了！

據說世人一再轉世不為別的，就為了要繼續走完這條漫漫悠悠的內在探索路。

從空點來，又回到空點去。

這是一條曲線優美的圓。

然而世人從空裡來，卻害怕回到空裡去。所以走了一世又一世，永遠都無法成就這個圓。

據許多已成就此道的人說：當你走完這條路，回到原點時，你就不再是……………

高爾夫與我

　　一九九〇年我受外子的影響，開始玩高爾夫球，也同時愛上這門時尚運動。

　　沒料到它竟是我邁向「內在探索」的第一道門。

　　高爾夫運動在所有的運動當中可說是比較獨特的。它高度要求每一個動作的準確性；從開始揮捍到完成揮捍，以及左、右兩邊身體重心的轉移等等，一切都馬虎不得。而至短距離的揮擊過程更是繁瑣，這自不在話下。

　　乍聽之下，令人望而卻步。它的確是種既難學又難精的運動！但僅管如此，迷上它的人倒是不少。

　　人人都說高爾夫是種極度用腦的運動（Mind Game），此言真實不虛。它的每一個動作的確是受着腦的控制！也就因為如此，人就失去了"自由"的空間，完全沒有辦法在當下明確的揮出每一捍；只因有頭腦在一旁不斷地予以干預及糾正，它間接地影響了整體（身心）的自然運作。

　　多年以來，在玩高爾夫的過程當中，我患得患失，完全無法豁開去盡情的揮出每一捍！

　　偶而，我會出其不意的擊出幾粒極其完美的好球，連自己都不太敢相信，過後仔細回想當時是怎麼做到的，似乎也只能這麼說：God Knows！

　　換句話說，事情發生於頭腦當下的不在，它在那一瞬間突然消失了，一切回歸（順應）自然。

　　就像禪家所言，在未起心動念前的那種狀態。

　　很玄很玄，是不是？

　　然而，事情就是這樣地發生；It's Just Like That。

　　除了高爾夫，我也喜愛舞文弄墨。那是在與高爾夫結緣之前，有幾近十年的時間，我都在筆耕；有幾近十年的時間，我都在習墨、揮毫。但十載筆耕，十載揮毫，我都不曾有過類似在玩高爾夫時那樣，偶而揮擊出幾粒好球便欣喜若狂，完全達到那所謂的 "狂喜"（Ecstasy）狀態。

　　我於是放棄了寫作，也放棄了揮毫。

　　我終於明白了一個事實：不論是舞文或者弄墨，我都欠缺一根神來之筆！

　　我沒有神來之筆，我怎可能有？神都不來眷顧我，我怎可能有？並非神不眷顧我，而是像我這麼一個以自我為中心的人，怎可能向神低頭，在祂面前俯首稱臣呢？

　　據說那些被神所青睞的，都是一些已失去了個性（Personality），把自身當作是一根中空的竹子（A Hollow Bamboo），而後由神透過他來運作的。

　　而像我這麼個全身細胞都充滿着"我"的人，又怎可能把自己給空掉變成根中空的竹子？那真的太可怕了！

　　是以神不會來眷顧我。

　　既無法成為一根中空的竹，我只有選擇放棄，放棄我所愛。

　　我知道自己離佛家的"放下"尚遠，我不能放下頭腦而只用心來做，這才是我的致命傷。因此我只有選擇放棄。

　　儘管玩高爾夫屢屢讓我感到挫折與心痛，然而它在某些時刻所帶給我的些許"瞥見"，卻又叫人感到莫名的驚喜！

　　這也就是它讓我感到心折，想摔都摔不掉的地方。

　　這或許就是上天冥冥中的安排，藉着它為我打開另外一扇門，一扇通往神性（內在）之門。

我與禪林一段緣

觀音禪林繼聞師

1996 年，透過一位佛友的介紹，我向觀音禪林的繼聞師父學禪。

那時候，師父的禪林就座落在武吉智馬山腳下附近。每個週六晚上都有一場禪修會，讓對它感興趣的佛友以及公眾進修學習。禪修共分三部份進行；首先是師父的開示，接着是坐禪、走禪，最后是參公案。

記得第一回的禪修課，師父的開場白似乎是這麼說的：「我這裡歡迎大家來一起作禪修，不管你是佛教徒、基督教徒，或印度教徒，甚至其他非教徒，都一律歡迎…………。」

跟着師父對「禪」作了一番介紹，並講述何以要修禪以及禪修的重要性。

禪就是 ——

禪，就是去明白你真正的自性。

一個單刀直入的問題：到底我是誰？這個「我是

誰」即是你要去參破頭的公案！一開始你會很努力地給出很多很多的答案諸如「我是某某某、我是什麼什麼的……」，然而你所供出的這些答案都被否定了！可怎麼辦呢？像這樣不停的參究下去，你的頭腦終於來到一個點，一個"不知"的點，取而代之的就是一片虛空，一如明鏡般的"清明心"了。而此時在鏡中所映現出的一切便也都是真理（The Truth）了，如：──

「天空是藍色的，草地是綠色的。」

而「有人在你面前跌倒了，你就上前扶他一把。有人沒飯吃，你就給他飯吃。有人在佛的頭頂上灑煙灰，你就給他遞上一個煙灰缸。」── 這也即是禪林師父所欲傳授給學子們的「只是直進不知的去做」（Only Go Straight，Don't Know）的禪修方法了。針對所給出的「公案」也只是直進不知的去嘗試，不間斷的努力，不放棄，直至證悟正道、真理和人生。

參公案

在參公案的當兒，師父會先發出第一道問題，讓學子嘗試回答。若學子所答與師父對該問題的解讀一致的話，這道公案就算是通過了。不然，師父會讓你嘗試多次，再不通過，則叫你回去好好用功，下回再來！

而在公案作答時，師父會教你先以一掌擊地，爾後再作答。其用意乃在於一掌擊地以斷絕一切思路，回到當下再來作答。

有些時候，學子不免會濫用這「一掌擊地」，似懂非懂，一擊再擊，企圖以掌擊地聲來代替回答，卻也難逃師父的「法眼」。這時為師的會一再的從旁測試，學子終露出馬腳敗下陣來！接着師父就舉起鈴子"鈴鈴"幾聲，將他攆出門外。輪到下一位 ——

那時候，師父的「禪房」就設在樓頂的一間小閣樓裡，那是師父平時休息和坐禪的所在。每當參公案的時間到了，師父就會預先上去小閣樓等着，而學子們此刻就會焦慮不安的在樓下一邊繼續禪坐，一邊等着師父的鈴聲在樓上響起，然後一個接一個輪流上去參公案。

參罷公案。課餘時間大家就聚集在一起，交首接耳熱烈地討論彼此的公案題，互相交換意見，看看該如何作答才能過關。那樣子就跟讀書時代上考場時沒有兩樣，真是好笑！但沒想到經過大家苦苦絞盡腦汁所想出來的答案結果還是被師父給否定了。師父說：「回去回去，好好用功！」邊說邊以手指指腹部：「答案就在這裡 —— Only Go Straight，Don't Know。」

學子個個搖搖頭，一臉的困惑與無奈。

孰知參禪就是為了"去知"，而吾等卻拚命在"聚知"，豈不是背道而馳？

師父看到我們如此用功，可卻用功的不得法，不免搖頭苦笑：真不知這群憨子何時才能開悟啊！？

還記得我的第一道公案題是：狗有沒有佛性？

我於是「汪汪」（學狗叫）兩聲，這一關算是通過了。

接下來的一道是：趙州說狗無佛性。請問「無」是什麼意思？

這個「無」的公案我費了好長一段時間來參，才得到師父的點首而過關。

師父所給出的公案是循序漸進的，由淺顯而至深入，感覺上一個比一個難度高。它就好比是一帖又一帖的藥方，而且一帖比一帖用藥劑量高，專為愛鑽牛角尖的頭腦而設計的。正是所謂的 "Mind Meal" 或者 "Mind Food"。

公案又好比是魚餌，而頭腦則是條自以為是的知識豐富的魚。一旦上了這個鉤，它就逃脫不了而被公案裡頭所設下的文字陷阱給摔得暈頭轉向，不知所從！

是以，我們都被教導說千萬不要對公案裡頭那些美麗的文字有所執着，只有直進不知（Only Go Straight，Don't Know）才是正確的修持方法。

然而，有多少學子會聽話？總是一頭栽進去出不來，就像是只被困在瓶頸裡的鵝！

古代人一生一世就只參一個公案，而現代人在短時間內就換了一個又一個，由是可見現代人的思維跟生活環境與古代人相去甚遠。現代人生活步奏快速，而且缺乏耐力，一切講求速成；若要時人苦苦追隨一條公案來開悟，真是談何容易？！

崇山老禪師 — Only Do It！

所以已故韓藉祖師崇山老禪師就曾這麼教導我們：修持公案的方式是學習如何去正確運作，經過公案的訓練而發揮在日常生活上。每當你做什麼東西的時候，只是去做（Just Do It）。當你只是去做時，你的心才沒有思維，沒有主觀與客觀，裏外成為一体。這就是修持公案的方法 — 直進去做（Only Do It）。

崇山老禪師有「正眼十門」供禪修子弟去修持。這「十門關」乃是：（一）趙州狗子（二）趙州洗鉢（三）岩喚主人（四）鬍子無鬚（五）香嚴上樹（六）佛上放灰（七）高峰三關（八）德山托鉢（九）南泉斬貓（十）飯器已破。

老禪師說：古代人參公案是去判斷當前參禪的開悟深淺。而現代人則是利用公案去改進自己的人生。這就是古今參公案的不同處。是以在答公案方面對與否是不重要的，主要是如何去把公案用在日常生活上。

是的，現代人是不可能一生一世躲在深山裡頭只修一個公案，就連"百日閉關"都難！

禪修在禪林

據知師父的禪林從前在烏敏島的時候就有過結夏安居三個月。後來在馬國柔佛的濱佳蘭國際禪寺也有了結夏安居三個月。而在本島的禪林則只有禪修三日或七日。

　　我在武吉智馬的禪林曾參與了禪修三日及七日。後來禪林搬遷到勞文達街去。我也曾在那裡參加過類似的禪修。感覺上前後兩個禪林地點有着很大的差別；前者地點僻靜幽深，很適合禪修。而後者則在鬧市裡，在忙碌的大街道旁，日日面對車水馬龍，呼嘯不已。在這樣的環境裡做禪修，需要有很大的定力。

　　不管是禪三或者禪七，我都深深的體驗了那森嚴的禪院清規生活。除了每日定時作息，早睡早起；這裡沒有書報以及電視供應，完全與外界隔離。在禪堂裡要絕對肅靜，不苟言笑。每日坐禪、走禪七至八個小時。間中的小休時間就是用餐、如廁以及勞作。再有空出來的時間就是自己用功參公案。我們每日都是在坐禪時分被輪流叫去參公案。

　　我想在這裡比較讓人難以消受的還是每日清晨四、五點鐘左右大家便得趕早摸黑起床，爭相上廁所，爭相洗刷，然後準時到禪堂報到。後由師父帶領大家一起作108 拜。五體投地的拜個一百零八下，拜得個個氣喘如牛，手腳發軟，面青唇白。我們戲稱之為“減肥運動”，最吃不消的恐怕是那些體型肥胖而肚腩又大的人了。

　　108 拜之後，稍息片刻，就開始晨間的坐禪了。在經過 108 拜這項運動之後，身心很快地就定靜下來，接下來坐禪很快地就進入定的狀態了。因此晨間的禪坐對我來說是一日裡頭最佳的時刻。如是坐了約莫一個小時，即起坐準備用早餐。早餐過後，接下來就是一整日緊湊的禪修項目。這樣一直持續到晚點（晚餐）過後稍息。跟着大伙兒齊聚在禪堂，聽師父講道。講道之後是自由發問時間，大家可以自由發問有關禪修的問題，而由師父一一作答。

九點鐘準時散會。一整天的活動就此結束。

在這裡想順帶一提的是有關禪修期間寺院裡的一些用餐規矩。用餐時間乃以鈴聲作準則。當鈴聲響起，大家就魚貫步入飯堂。這時負責煮食的師傅已準備好一桌桌的飯菜在那等着。大家各自找好位子之後便到一邊去排隊盛飯。吃飯的時候要專注，不許交談，更不許作出任何不必要的聲響。一碗飯用畢，有人會上前來替你在碗內注入少許開水，讓你自己在碗裡攪拌一下，連剩餘的飯粒也一起喝下去。如是，也讓你真正的體會到"粒粒皆辛苦"了。

說到晚餐，我稱之"晚點"，乃因我們只是利用午間吃剩的飯菜加熱果腹罷了。據知大多數的寺院僧人都是秉持着佛教傳統，過午不食；即是一天只食兩餐，過了午後即不再進食。

我曾跟隨一位瑜珈教練的團隊到過泰北的清邁某間寺廟做過七日修。他們那裡就是秉持過午不食的傳統。最初幾日我很不能適應，雖然睡前每個人都有一小杯的牛奶加上一小塊巧克力之類的小點心填腹，不聽話的肚子仍然在那嘰哩咕嚕地響個不停，以致徹夜難眠！不過幾天過後肚子竟奇蹟般地自然調整了過來，而且整個人也覺輕鬆多了，打坐時很快地就進入定中。由此可見，過度飲食對身心有害無益！

跟著就說打坐吧，打坐不單要視身體的狀況而定（即如適度與適時的飲食）；時辰對我來說亦很重要。據說一日裡頭最佳的靜坐時刻是在凌晨時分，而另外一個佳時則是在午夜臨睡前。我個人則喜歡在凌晨五時到六時左右。打坐最忌在午餐過後的那一段時間；只因身體在飽食一頓之後，大部份的能量都集中到胃部消化去了，此時頭部呈缺氧狀態，因而易陷入昏睡或昏沉，若在此時來打坐則只有頻頻點頭見周公了！

在參與禪三及禪七的時候，我們就曾經歷過這樣的一段午後靜坐經驗；我就經常聽到有人在那昏睡過去而頻頻打呼哩！這時師父就會走到他旁邊用禪杖輕輕的點醒他。所以有人就因此要求師父在他底手心擊打數下以驅走睡蟲，要不就是以站立的姿勢來用功。偶而，我會使勁的拉扯幾下眼皮，甚至用辛辣的驅風油塗抹在眼皮上以提防睡蟲來侵。除此，間中的「走禪」對此亦很有幫助。

再說到禪坐的姿勢一般都很講究，也很重要。基本上可分單盤、雙盤及散盤。“盤”即盤腿。這其中以「雙盤」（雙盤意即雙腿交叉疊坐，狀似一朵蓮端坐於田田荷葉之上。）的坐姿最為正確優美，又稱之為“蓮花姿"。但要做到像雕塑中所呈現出的佛陀那樣優雅的蓮花姿可就不易了。坐的時候背脊要絕對挺直，腹部微微向內收納，頭部端正且自然，兩目平視前方微微閉合（或兩目注視着鼻尖），嘴巴則微微合攏。整體面部表情安詳自在。兩手相互交疊，左手心在右手心之上，兩拇指輕輕碰觸連接成一拱狀。以上就是所謂的"調姿"及"調身"了。接著就是「調息」，意即要在呼吸上下功夫，調整入息及出息，一般以「數息」爲準。

有關上述種種坐禪的條規及要求無非是要讓頭腦將注意力集中於某處，使之安靜下來，不再似野猴般活蹦亂跳，所謂的"制腦"是也。至於採取盤坐之姿以及將雙手結合成拱狀據說可制止能量的外洩，並在體內營造一個能量圈，如是有助於頭腦安靜下來且漸趨於"無腦"（No Mind）的狀態。

我在禪林的時候，就常聽一位大師兄（這大師兄跟隨師父已有一段時日了）說：「No Thinking，No Problem。」

由是可見，頭腦是製造一切問題的根源，「心造萬物」是也。當頭腦不在或沒有思維（No Mind）的時候，一切事物就按照它本然的樣子存在着。即如「心經」所言：不生不滅。不垢不淨。不增不減。本來面目是也。也就是所謂的「真相」（The Truth）了。是以，禪坐或靜坐（Meditation）有助於達到一個"安腦"乃至"無腦"的境界。當頭腦不在的時候，本性隨之顯現，「明心見性」是也。當頭腦消失時，一個人重獲赤子之心。當頭腦寂滅時，沒有過去、現在、未來，一切就在當下，甚至沒有當下。

而在禪林裡面，我們都被教以老禪師所自創的一套「Only Don't Know」（只是不知）的教學法；意即不論何時何地，都保持着「Don't Know Mind」（不知之心），藉此以斷絕頭腦的一切思路，回到當下這一刻，而此刻那有如明鏡般的心所映現出的一切即是「如如真相」了。

然而，要時時刻刻保持一顆「不知」之心到底不是一件容易的事，只因吾人自幼就被刻意培養起來的「知識障」從中加以阻撓。尤以在參公案的當兒，這種現象顯而易見。所以大師兄每每見到我們個個傷透腦筋參公案仍不得其果時，不免笑著提醒我們：「No Thinking，No Problem!」

在靜坐時，除了保持「不知之心」參公案外；我個人還採取了「觀照」法來觀照周遭所發生的一切，包括了觀照自身頭腦的一切思維活動。

還記得在禪修結業時，禪堂舉行了一個禪修檢討會。會上師父要求每個學員發表一點心得報告。我就根據自己在靜坐時觀照所得作成一首"打油詩"報告給師父。師父看了，嘉許的點首微笑，不說什麼。

卻說「觀照」本身也有它自己的一套方法。若開始提問：觀照者何人？（是你麼？）跟着又問：觀照「觀照者」又是何物?再接着問:觀照觀照「觀照者」又是什麼?如是不間斷的提問下去,問到最後是 ── 觀照者不見了,觀照「觀照者」也不見了,觀照觀照「觀照者」亦不知去向,而觀照觀照觀照……最終止於一片寂寂……。

這就是「觀照」的奧妙之處,藉著它你進入了另一扇神聖之門。

說到最後,禪,到底是什麼?

至此,你可能還身陷五里霧中,不知所以。總覺得它實在太玄奧了,有點不切實際,而且不合邏輯。這是頭腦永遠也想不通的!

禪,毫無邏輯可言。

而頭腦是屬於邏輯的。它與禪背道而馳。

「示」與「單」

若將「禪」予以分解,就是「示」與「單」。簡單的顯示。

它不立文字。教外別傳。直指人心。見性成佛。

問:狗有佛性麼?

汪汪!(狗吠聲)

問:貓有佛性麼?

妙 ── !(貓叫聲)

問:這筆有佛性麼?

(將它拿來寫字)

拿起一只錶，問：這是什麼？

（直接將它戴在手腕上）

禪，就是這樣，很簡單很直接，沒有旁述，也沒有贅述。

在此借用奧修大師對禪的一點詮釋：禪就是 Dhyan（它來自一個梵文的字根）。Dhyan 意味着非常單獨，沒有東西讓你去冥想，沒有客體，只有主體性存在 ── 一個沒有雲的意識、一個純粹的天空。

認識奧修大師

無水無月

認識奧修（Osho）是一個偶然。

偶然的到圖書館去，偶然的從書架上取下一本書——「沒有水，沒有月亮」（奧修著）。就如此這般我掉了進去，掉進一個深不見底奧修所設下的陷阱中……

我認識奧修，就是這樣的離奇；沒有水，沒有月亮。

奧修在書中所說的每一句話語，都好似在衝着我而說，它似乎都在針對着我，刺痛了我的每一根神經，讓它們一一的痛醒過來，而且痛不欲生！在這之後我必須一再的從他的書中去尋求他以祈獲取"解藥"。這就是我跟奧修之間的一段難解之緣！它可能是在前世，或者是前世的前世就已經開始了。而我卻一直都在昏睡中沒能及時醒來而一再的錯過他。這樣一直等到沒有水也沒有月亮時我才悠悠的醒轉過來，然而奧修卻已匆匆的走過這個世界了！

奧修大師自稱自己曾於 1931 年造訪了這個地球，

又於 1990 年離開這個地球。

　　大師乃於 1931 年 11 月 11 日出生於印度中部的一個小鎮叫古其瓦達（Kuchwada）。

　　根據記載（奧修門徒 ── 維旦特所著之「奧修傳」，由謙達那譯。），奧修的出生並非很平凡；只因那是一個從前曾經走在這個地球上追求真理的人的誕生。他以前曾經經歷過很多途徑、很多學派、和很多系統。他的前世是在七百年以前在一個山區裡，在那裡，他有一個神秘學校，吸引了很多來自遠方的，來自各個不同傳統和不同途徑的門徒。那個師父活到一百零六歲，在他臨終之前，他進入一個二十一天的斷食，本來在那個斷食結束之後，他就可以成道，但他卻選擇了在最終消失而進入永恆之前再誕生一世。一切就只為了幫助那些還走在道上的門徒們；他要再回來與他們分享他的真理，以及將他們的意識帶到一種醒悟的狀態。

　　就是這樣，奧修對於他這個充滿着傳奇性的前世解釋說：「這是真的，七百年前在我的前世，有一個靈修的實務必須在我死亡之前完成。在一個二十一天的完全斷食之後，我就要放棄我的身體，但是為了某些原因，我無法完成那二十一天，剩下三天，那三天我必須在這一世完成，這一世是從那裡開始的………在那一世還剩三天的時候，我被殺了。我無法完成那二十一天，因為我在那二十一天結束之前的三天被殺了，那三天被去掉，所以在這一世，我必須去完成那三天。」

奧修又說：「那個謀殺變得很有價值，在我死的時候，那三天被留下來。在經過那一世所有爲成道所做的一切費力的努力之後，我才能夠在這一世達成，在經過了二十一年之後，我才能夠達成本來在那三天之內可以達成的。在那一世裡面三天的每一天，我必須在這一世花上七年的時間。」

（註：奧修大師於二十一歲時成道。那是公元一九五三年三月二十一日。）

對於這樣一個離奇且充滿着傳奇性的前世，奧修對它的解釋是 ── 基於他個人的經驗，這對那些深入追求靈性成長以及在超自然心理學和意識改變狀態方面研究的人具有重要的意義。

而像我這樣一個只在無意中翻了他的一本書（沒有水，沒有月亮）就即刻對他"着迷"的人，又是怎麼的一回事呢？這連我自己都想不通！

在這之前，我習佛，也習禪。然都止於表面上的接觸罷了，並未深入。但自從"認識"了奧修之後，我整個兒再也坐不住了，老覺得自己的裡面深藏着某樣東西（或說它是寶物吧！）必須被挖掘出來！這個強烈的意念致使我天旋地轉，幾至瘋狂！

我從來就不曾真正的去拜過一個師父。試問要如何去尋找一個真正的師父呢？我覺得很彷徨，很無依。

（註：根据「奧修傳」 ── 奧修成道的當兒還在一所大學的學院裡修讀哲學。一直到一九五六年他修讀完

畢獲取哲學第一等榮譽學位。而從一九五七至一九六六年的這一段期間他被委任為大學裡的教授從事教學長達九年。之後離開大學轉而獻身於提升人類的意識。他在印度到處去作大規模的公開演講，並定期舉辦靜心營。他輪流以印度語和英語發表演說。他的演講都是自發性的，範圍非常廣泛；包括了瑜珈、禪、道、密宗譚崔（Tantra）、和蘇非（Sufi）宗派。他也論及佛陀、耶穌、老子、莊子和其他神秘家。在演講當中，他談到了很多主題：從出生到死亡，以及死亡之後，從政治到祈禱，從核子物理到容格的哲學，從整體的健康到新的教育，從性到超意識。奧修大師透過他的洞見涵蓋了人類對各種可能的靈性探詢，他將各種心靈傳統的訊息以現代的語言和背景傳達出來。這些演講被搜集成超過三百本書，也被翻譯成二十多種不同的語言。）

不在的「在」

　　按照一般傳統的方式，一個求道者通過某種途徑直接去到師父那裡，然後拜在師父腳下，請他收留你，而後隨侍在他左右，跟他學習，讓他從中評估你，最後再決定要不要收你為徒。

　　而我並未如是作法，我並未親自拜在奧修腳下；我只是藉著「讀」去認識一位師父，一個不在的「在」。我想我是拜他散播在他書本裡的「能量」所賜……是他在那裡召喚我，召喚我去他那兒。我不單可以直接從他的書本中去感受那不同反響的能量，同時也可以從他的圖照（照片）中去感受那震人心弦的能量。（這是我後來多次到他在印度的普那（Puna）社區作靜修以後的事。）那是一種無形的、說不上來的東西，或可說那是一種純能量層面上的相互交會。總之，是一種很棒的感覺。

在「沒有水沒有月亮」之後，我即開始四處搜括有關他的書籍。最初接觸的都是他的中文譯本，由他的一位台灣藉門徒謙達那所譯。我還不遠千里的跑到台北謙達那的寓所去搜購。我飢渴似的讀了一本又一本，欲罷不能。謙達那不愧是個資深的譯作家，從英版本到中版本，似乎難不倒他，字字句句都譯得恰到好處，毫不牽強。也就因此，我才能持續不斷的讀下去，從中去吸取大師所欲留給後人，那些錯過他的人的珍貴教誨。

或可說我是比較幸運的，竟然得到大師的青睞，藉著某種"媒介物"將我引到他那裡去。

而我就是這樣，靠著「讀」去認識一位師父，去拜在一個不在的「在」腳下。這又或可說是「存在」（The Existence）刻意為我安排的。

第 二 篇
拜訪奧修台北靜心中心

台北行

—— 拜會麥娜和 Shunyo

　　在讀著謙達那的中文譯作的當兒，我還注意到了在每本書的最後頁也都提供了「奧修靜心營」在台灣的一些連絡處，除了有奧修資料中心（即是謙達那本人的居所），還有其他幾所分佈在不同地區的靜心中心。我想這正是我迫切需要知道的，藉著這些"資訊"我方得以進一步去認識奧修其人，同時進一步去接近那不在的「在」。

　　我終於 2001 年的五月初夏，與奧修台北靜心中心的主持人麥娜取得聯繫。並獲知當年一直都跟隨在奧修身邊並照顧他的（幫大師洗衣服）一位英藉女門徒名叫 Shunyo 的，恰巧也在同個時間造訪台北靜心中心，且在那裡主持一個門徒點化儀式，接受那些有意成為奧修門徒的新成員。我聞之欣喜萬分，不假思索的便啓程前赴這個盛會了。就像當年 Shunyo 本人那樣，不顧一切的從老遠的高度文明的西方跑到那尚處於"蠻荒"狀態的東方世界去苦苦追隨一位師父，一位可能改變她的未來的師父。

Shunyo 是自西元一九七五年就驟然放棄一切（西方優裕的生活），老遠的從英國西南端的家鄉跑到印度的普那（Puna）去會見她心儀已久的奧修大師並拜在他的腳下。從此與大師休戚以共，前後長達十五年，直至大師走完他的最後一段路。

在這期間，Shunyo 寫了一部書，原名是「跟奧修在一起那鑽石般的日子」（Diamond Days With Osho），又名「新金剛經」。其後又更名為「與大師同在」。這本書是大師指派她寫的。而我所讀到的正是謙達那的中文譯本。

Shunyo 是奧修身邊的人，她就好比是他的影子。因此由她來描繪大師自是最貼切不過的。

「與大師同在」—— 裡頭除了描繪身為一個謙卑微小的弟子如何看待一位她心目中高居在上、神聖無比，難得真正接觸的大師外；更描述了一個西方求道者在那漫漫悠悠的求道過程中所經歷的一切甜酸苦辣的心路歷程。通過它，讀者不單可以從中了解大師的日常生活起居，大師與門徒之間的互動關係，以及大師那不平凡的遭遇和他那原本就不平凡的一生。通過它，不管您是否正在走着「內在探索」這條路，都會被它深深的牽動和吸引。它可說是內在探索者的一個寶貴索引。

　　我就在麥娜的靜心中心掛單，並報名參加了三日的靜心活動。這也是我頭一遭參加奧修靜心營的活動。

　　我終於見著了心儀已久的 Shunyo 本人，就像她當年去會見她心儀已久的大師那樣，同樣的都是抱着一種寄望，一種對自己的未來能夠有所改變的寄望。

初識靜心活動

　　我有幸與 Shunyo 作了一次一對一的「個案」。那也是我頭一遭嘗試作「個案」課程，前後長達一個小時。它是在一個既舒適而又安靜的小空間裡，兩個人（個案生和導師）面對面的盤坐在蓆墊上，彼此閉上眼先靜坐數分鐘。之後個案生即開始向導師傾訴他個人所面對著的一些問題跟困擾，希望導師能夠為他指點迷津。整個過程恰似個人尋求 "輔導" 卻又不是；更貼切的說那是一種個人對個案導師的完全信任、完全敞開，願意讓對方走進他而給予協助。當然作為一個導師在必要的時候也會嘗試以 "能量" 引導個案生走進他；讓對方完全的放心而願意將自己交給他。這是我個人對「個案」課程的一些見解和心得。雖然自己並未全然的敞開去接受對方，但終究踏出了第一步，願意讓一位全然的陌生者進入我，而與我互動。

　　除了「個案」，我也嘗試接觸了奧修所設計的一些靜心技巧；諸如動態靜心（Dynamic Meditation）、亢達里尼靜心（Kundalini Meditation）、和亂語靜心等等。這其中以動態靜心（Dynamic Meditation）為最主要的靜心技巧。奧修特別強調它乃因現代人都過著一種非常用腦和非常壓抑的生活，因此奧修強調這種全然的、動態的靜心方法，將整個身體和頭腦全部涉入、並統一起來。它的目的是要粉碎社會和心理制約，以及藉著強而有力和發洩性的方法來解除無數的情感和衝動的壓抑，好讓一個人可以經驗到寧靜的靜心狀態。

　　初試奧修特別為他的門徒所設計的這些靜心技巧，覺得很新鮮、很刺激（它一反往常我所做過的禪靜心，一種完全的靜態靜心。）。它讓我耳目一新，完全是另一番新景象。那是一種革命性的靜心、科學化的靜心。它不利用純冥想、純想像、或者努力集中精神於某處來作為靜心的途徑。

　　其實，奧修所特別設計的這些靜心並非是"真正"的靜心（Meditation），它們都只是一種準備，一種靜心前的準備。當一切都準備好之後，靜心就開始了。它就好像你在玩一種樂器，在玩之前先經過調音、試音，等一切準備就緒之後真正的音樂就開始了。或者說它是在作某種運動前的一種"暖身"活動吧！

　　所以說真正的靜心（Meditation）完全是一種自發性，完全不用意志去做。它是一種發生，自然的發生（沒有刻意的營造）。當那一刻來臨的時候，神就降臨在你身上，而你就是那神性的！

門徒點化

　　三天的靜心活動很快地就結束了。在最後一天的晚上還舉行了一個別開生面的慶祝會；大伙兒坐著圍成一個圓圈，等待歡迎 "新門徒" 的誕生。而那些即將成為新門徒的則心情亢奮的坐在那裡等候被叫名，然後各別走到 Shunyo 面前接受她的祝福及點化，再從她手中接過一串深褐色木質念珠（念珠上繫著一個雙面附有奧修照片的小圓形牌子），並將它套在脖子上。緊接著大伙兒即開始鼓掌歡呼 "新成員" 的加入，場面異常的熱鬧，令人深深地感動。

　　戴上這串念珠，它讓我覺得自己的內在探索旅程這才是真正的開始。

「靜心」與「空」

幾個月過後。我終於收到了由普那奧修靜心營所寄發的成為「新門徒」的證書。證書上有著我的門徒名稱：Dhyanshunya。Dhyan 意即「靜心」（Meditation），而Shunya 意即「空」（Emptiness）。

「空」和「靜心」就是今後我所欲去追隨的靜心途徑。它讓我感到既迷茫且遙遠，就好似那遠方的地平線般永遠無法達到。

當奧修在世的時候，他點化門徒，同時賜給門徒一個名稱。那個名字含有著深重的意義，它是依據個別門徒本身所含有的特質而取的，它在某個程度上蘊含著那門徒可以去遵循的一個靜心（靈修）途徑。

而我與奧修素未相識，就連他在普那的社區也從未到過；雖是在台北接受了 Shunyo 的點化儀式，然我與她相處也不過是那短短的三日，到底他們又憑什麼來賜給我這個門徒名字呢？我感到不解。不過說也奇怪，往後我竟對這個 "名稱" 慢慢地有了感覺，也喜歡上了它！覺得它還挺適合自己去遵循的一條靈修路線。

在從台北返來之後，我的日子開始變得很不好過，老覺得這邊那邊的不對勁。不對勁個什麼？自己亦說不上來。或說就是盼望自己的人生能有一番改變，一番天翻地覆的改變吧！這是我周遭的人所無從了解的。就連我至親家人，他們也覺得不可思議。外子還說，「等你哪天沒麵包吃的時候，看你還會不會這樣……。」這也即是我與他思想意見分歧的開始。

　　打從上個世紀九十年代開始，我就嘗試走在這條改變自己的人生之道了，只是一直都在摸索中……。直到西元一九九八年，一個世紀將末了，我很偶然的"邂逅"了奧修，一個不在的「在」—— 他的「沒有水沒有月亮」，方才確定了這條改變我的人生之道。

「乳疾」的啟示

　　只是，在尚未真正走上這條靈修（內在探索）道時，我的人生路上忽然發生了一段不可忽視的小插曲 ── 那即是在西元 2000 年的歲尾，我竟莫名其妙的患上了乳房癌（左乳）。我的家族並無乳房疾的歷史。自己懷疑與家父的逝世有關（家父於 1997 年過世），許是因悲慟過度而引發此疾。所幸及時診斷出尚處於初發性階段，我當下毫不猶豫的就作出決定將它整個給切除了，也沒有因似某些人為了救乳房而大傷腦筋或大費周章，同時也少了作化療的痛苦。只不過得承受服食 "劇毒" 的療藥長達五年所帶給身體莫大的傷害，以及為了絕除後患而順帶切除腋下部位的七個淋巴小結所導致的整條左手臂麻木前後幾達十載！

　　在五年服藥期滿時，主治醫師即問我是否要更換另一種新藥再延服五年，我馬上回絕了。只因它只會帶給身體更大的傷害，且療效成果並不顯著。我於是決定了自己在飲食起居方面下功夫並作適當的調整。

　　從病發、開刀作手術、手術過後的復健治療、定期性的復診乃至長期服藥作治療是一筆很龐大的開銷，所幸有買醫藥保險作輔助。女兒還開玩笑似的說：「看來保險公司要賺你的錢是很難的了！」女兒的玩笑開得恰到好處，我不禁破涕為笑。

　　這則突發性的乳疾案例帶給我很大的衝擊，也促成了我往後步上內在探索之路。它讓我想到生死就在一瞬間，個人修行要趁早，認知自己（到底我是誰？）要趁早；而非一般人所認定的成名要趁早，致富要趁早；死到臨頭才來慌慌張張、不知所措、不明不白，充滿恐懼與無奈。此正是所謂的來的不明不白，去的也不明不白，才是人生最大的悲哀！

第 三 篇
印度普那（puna）行
— 靈修之旅（一）

新加坡 ── 孟買 ── 普那

2001 年的六月。

在從台北靜心中心返回新加坡之後不久，我即給麥娜寫了一封信，言明去普那奧修靜心營的決心，並請她提供一些資料。

麥娜幾乎每隔一年都會親自帶團到普那作靜修。

麥娜那邊很快地就有了回音，並提供了我一切所需的資料，極盡繁瑣。原來去一趟佛的故鄉竟是這樣地勞心，這樣地不簡單！說什麼連衛生紙都要自備啦，還有刷牙要用礦泉水等等。這是指在社區（靜心營）以外的住宿。而在社區以內的一切則是既安全且方便的。據知社區裡還附設有一幢不大但設備完善的旅館，但它只供給短期訪客居住，比如三幾天或者一個星期，收費昂貴，不是一般人所支付得起的。大多數去普那做靜修的不是三幾天而是幾個星期或幾個月不等。有者甚至長期居留或經常造訪，把那裡當成是自己的家，或說它是厭世者的一個避難所也不為過。所以一般去那裡學習或靜修的都會選擇租宿在社區（Ashram）外圍的民宅或者專用來出租的公寓。租金也不盡便宜，且以日付多少美金來計算。

　　麥娜還說她將於是年（2001 年）歲尾帶一小團人前往普那作靜修，要我耐心多等幾個月，然後與她一塊去，屆時她會盡可能照應我並給予必要的協助。

　　由於這是我生平頭一遭去印度，那印象中充滿着神秘色彩的國家，也是當年唐僧三藏西行取經之處，那是一個充滿傳奇性的地方。所以，有她來作響導，真是求之不得，當下就欣然的接受了她的建議。

　　我們於是相互定下可行的日期。屆時她和她的團友從台北乘機出發，而我則由新加坡自個啟程前往。大家約好在孟買機場會合。

　　是日，也正是 2001 年十二月三十日的晚上七時三十分左右，我乘班機由新加坡出發，抵達孟買時是當地時間晚上十時三十分。（由於時差的關係，印度當地的時間要比新加坡時間落後兩個半小時。）而麥娜所乘坐的印航則要晚一小時才到，大約在十一時三十分左右。就這樣，人生地不熟的，又是深夜時分，我一個人孤伶伶的在關閘外的等候室苦苦的守候了一個小時，麥娜等人才姍姍來遲。

　　我們就在機場的貨幣兌換所隨意換了一些印度盧比充當路費用。

　　奧修在普那的社區就座落在普那的住宅區內，它位於孟買東南方，車程大約需要三個半至四個小時左右。

　　麥娜在未來普那之前就已先安排好一切，包括了從孟買到普那的德士服務，以及在普那的住宿等等。

就這樣，我與她一行人在三更半夜裡大概凌晨一時左右浩浩蕩蕩的登上了一輛類似吉普的大型德士，後往普那的方向直奔而去。（普那位於孟買東南方大約八十英里的地方。）

正月份在印度還是處於冬季的氣候。不過普那這一帶的冬天卻是相當的暖和；日間維持在攝氏二十多度，早晚則降至十多度。所以說冬季是來此地靜修的最佳季節，也是世界各地人們蜂湧而至的高峰期。

車窗外。夜黑風高。整條公路就彷彿只有一只黑色硬殼蟲在拚命的往前衝刺着，有些兒寂寞，又有點兒像林沖在夜奔。所不同的是林沖是去投奔梁山；而黑硬殼蟲肚子裡的人兒則是奔向西天取經。

車廂內。共五、六個人同時擠壓在一塊，好不熱鬧。大家也都沒有睡意，也都精神抖擻的你一言我一語吱吱喳喳的聊開來。

麥娜和她的團友來普那已有好多回了。這裡邊唯獨我是新人。新人向前輩請教「取經」的事，理所當然。

在談話中，我頗有感慨的說：「我來晚了，奧修他已經不在了。我今來普那，無緣以會大師，人生最大的遺憾莫過如此！」

麥娜聽了忙道：「你可千萬莫要這麼說，大師他無所不在呀！」

麥娜說得也是，我遂點首默然不語。

　　還記得我在某本書裡頭讀到有關大師的留言：「永遠不要用過去式來談到我。沒有我這個受折磨的身體重擔，我在這裡的「在」將會比現在大很多倍。提醒我的門徒，告訴他們說他們將會有更多的感覺……他們馬上就可以知道這一點。」

　　在一片漆黑當中，我們終於來到了普那。普那此時就像是個面罩黑紗的神秘女郎，叫人無法看清她底真面目。這時的她，卻又像極了一個母親的子宮，而我則在尋尋覓覓中投奔到這個子宮來了。

　　當黑硬殼蟲將我送到麥娜為我安排好的民宿時，已是當地時間凌晨五時許。司機幫我取下行李後，又從口袋裡頭掏出一把鎖匙為我啓開房門，然後將它交給我。

　　跟麥娜約好這天的早上九時見面之後，她和其他團員就讓司機給送到另外一個地方投宿去了。

　　我半摸黑的進了屋子。面對一室的冰冷，感到從未有過的淒清，一時竟不知自己此行是否來對了？！

　　胡亂的沖了個冷水澡，從頭到腳，冷得直打顫，眼淚差點掉了下來！

　　懶得打開行李，也懶得更衣，但著來時衣就這樣跌落在那冰冷的大牀上稍作休息。

　　獨在異鄉為異客。尤其是現今此刻，我竟冒冒然的投奔到這塊佛的土地上來了。我在牀上翻來覆去的，一會兒想起了遠在天邊島國的那片叢林（觀音禪林）……我放棄禪林，離開繼聞師，一個活生生的師父；就為了去追隨天邊那一朵飄忽不定的雲，一個不在的「在」。
（繼「沒有水沒有月亮」之後，我所讀到的第二本奧修的書 ——「白雲之道」。它深深的震撼着我。）

　　奧修生前曾經說過他沒有繼承人。有的只是他自己組成的一個「內圈」（The Inner Circle），共由二十個門徒形成。而這個「內圈」也就是他的繼承人。到現在為止，我對這個「內圈」裡的人一無所知。我想我也無須費心去知道；就算我知道，又能有什麼幫助呢？二十個，我又能找那一個來依靠呢？……奧修既然能把我引來這裡，想必另有所安排，我又何須去掛慮那麼多？就順水漂浮吧，奧修經常說的。

　　我於是又想起在台北靜心中心會見 Shunyo 的時候。我很努力的想從她身上去發掘點什麼，或說有沒有大師的影子吧，可卻徒然一無所獲。我最終才知道一個事實 —— 除非我變成一面空鏡，否則我是永遠也無法接近她、知道她的。

　　麥娜依約，九時來敲門，並為我送來簡單的早點。有這樣一個古道熱腸的道上「前輩」來關照，我自是感激不盡。

　　過後，我與她共乘一輛電動嘟嘟車直往奧修的社區飛奔而去。

奧修社區

　　奧修社區（Osho Commune）又名為奧修國際靜心村。它就座落在普那市可利崗公園環境幽美的住宅區內，佔地約四十英畝。

　　我們首先來到社區的迎接中心（Welcome Centre）辦理註冊登記手續，以便進入社區參加各種活動。在未辦理登記之前得先通過一項「愛之病」（Aids）檢驗。之後憑此登記以領取社區通行證（Gate Pass）以及在多元大學廣場（Multiversity Plaza）領取多元大學上課證（Multiversity Card）。（辦理以上這些手續都得繳付費用。）有了社區通行證，才能進入社區參加活動。

　　社區之大，令人咋舌。它是一個含有多樣化功能活動的社區，日有數千人造訪。而我此刻就像是劉姥姥進大觀園般的不知所措，頓覺無所適從。幸虧有麥娜在一旁作響導，我就跟着她東轉西轉，但還是免不了心慌慌的。麥娜遂建議我參加"認識社區"遊，以便盡快熟悉社區。接著她又帶我去買社區通用固本。它是用來支付社區內的一些項目開銷；包括了在社區內開保險箱戶口，社區的食堂、商品店、寄物櫃、書店以及其他活動等等。不過在社區大佛堂（Osho Auditorium）所舉辦的各種靜心活動如動態靜心、亢達里尼靜心以及其他靜心活動等則是免費的。

　　跟著她又領我去開保險箱戶口，存放一些個人重要物件如錢幣、護照、機票和信用卡等。

　　就這樣轉了兩下子（還不到社區的三分之一），眼看午餐時間已到，我們又匆匆趕往食堂排隊買點食物果腹。

　　與麥娜二人坐在飯堂的一角用餐。我有一下沒一下的嚼著食物，心裏想著的盡是我該如何去熔入這個大改造爐裡……。放眼望去，整個社區的人們似乎都是行色匆匆，都有自個的事要忙要辦，鮮少有人願意停下腳步爲你引路。而每個人似乎也都很獨立行事，不仰賴他人。反觀自己，樣樣要靠麥娜，與他們比較起來，實在叫人相形見拙。

　　中午過後。麥娜送我回居所，又幫我“搬家”，從樓底層遷到第三層樓的“頂房”。至此我總算安定下來，而這間“閣樓”也就是我臨時的家，我將在這裡呆上六個星期。

　　過後。麥娜又請與她一塊來的一名男團員用摩托車載我到市區的一家小商店購買紅袍及白袍。紅袍是白天在社區裡活動時穿，而白袍則是給晚間在社區的大佛堂內所舉行的兄弟白袍會時穿。

　　穿上紅袍，再戴上木質褐色附有奧修照片的念珠，我對鏡一照，從頭到腳彷彿換了個人似的。不由得想起當年在繼聞師那裡皈依時穿上黑色袈裟的情景……，一時感慨萬千！

　　橘紅色袍子象徵著火紅的太陽般的洋溢能量。白天裡的奧修社區整個看上去就是一片紅海波濤翻騰，充滿著生命的激情！它是那麼的活生生，叫人無以抗拒。

　　放眼望去，儘管人們行色匆匆，但整個社區所呈現出的卻是一幅由靜心、歡笑、舞蹈、慶祝、工作和游戲所組成的美麗彩繪。這也難怪四面八方的人們都不約而同的朝著這個方向湧來以尋求一種外在世界所沒有的內在喜樂。

　　隔曰。在一切都安頓好之後，我便依照麥娜的建議，報名參加"認識社區"遊 ── 對這個社區的一切總算有了一個具體的認識跟了解。

病倒異鄉獨淒涼

　　然而，就在這個時候，或許是因旅途上的過於奔波勞頓，又或許是受到社區內那股強大的能量的衝擊，我竟不支病倒了。而且病得不輕！那是社區裡普遍流行著的一種呼吸道感染症。

　　咳咳咳，一天到晚不停的咳，咳得整個喉嚨都快破了，咳得五臟六腑都快咳出來了，咳得呼吸就快停止了！然而並不止我一個人如此，似乎周遭剛來的人都是這個模樣！可是大家都不把它當一回事，仍舊東奔西走的忙碌著。想想好不容易才來到這裡，怎可讓這病給拖倒呢，不是麼？

　　試著到社區裡的診所找醫生診治。可誰知他們並不贊同給病人吃藥作治療，尤其是抗生素之類的藥物更在嚴禁之列，說是會傷害身體什麼的。頂多發給你一小瓶咳嗽藥水，以及一小管通鼻噴劑了事。真是有看等於沒看。

　　聽說社區外不遠處有家西藏醫師開的診所，生意非常好。大家都跑到他那裡作針灸去了，而且也都在服食一種丹丸藏藥，還頂有效的呢！只好跑到那裡姑且試一試了。只記得當時自己被令伏卧在牀，背上被扎了好多針，動彈不得的伏卧在那裡整整一個小時，有如植物人般，真是苦不堪言。

　　跟麥娜一塊來的一名團友看我病得不輕，遂帶我上她的寓所去取當地人常用的一種草藥，據說蠻有效的。我半信半疑的跟著到她底住處去看看。哦，天哪，只見她從牀底下拖出個大皮箱，打開來裡邊滿裝的都是藥，各式各類的藥，真是琳琅滿目，看得我都傻了！它令我憶及當年負笈台灣唸大學時，不也如此麼？帶著一整箱的藥物千里迢迢的從新加坡乘搭郵輪飄洋過海去到台北，就好像那個地方是個荒島似的，真是可笑！這名團友告訴我她幾乎每一年都來普那，而且每回都住上好幾個月，這趟已經是第九次了。我幾乎不敢相信。接著她又說這種咳嗽症她已經司空見慣了，而且已曉得如何去對治，所以並不是什麼大問題，只須小心護理就行了。她囑咐我要喝大量的水，然後在喉頸部位圍上一條頸巾以保暖，千萬不要受寒。她底一番金玉良言我謹記在心，在往後的日子裡，非常的受用。我也將此良言傳遞給周遭的友好，願大家都受用！

　　是以在普那的那六個星期裡，我有五個星期都在生病，直至快要離開時才逐漸好轉，這可真是天意哪，要我生這磨人的病來磨練自己。後來我才知道是自己過於疏忽了，只知一味忙著辦事而忽略了自己的舟車（身體）。普那這裡氣候異常乾燥，尤其在冬季。是故要多喝水以防生病。特別是在社區裡，在作著各種靜心活動的當兒，產生諸多能量；加上作各種內在治療時身體所產生出來的 "毒素" 是需要靠喝大量的水來排毒，以免負性的東西停留在體內而導致生病。因此，估計一日至少要喝上 3000 毫升的水方能應付身體所需。然而我卻無此習慣，平日在家頂多一天數小杯開水就夠了。自從來了一趟普那，我什麼都談不上，倒是學會了如何照顧自己的舟車（身體）。俗話說：小心駛得萬年船。在這裡我想說的是：小心照顧好自己的身體，不單能駛得萬年船，還能藉著它以到達彼岸！

病裡抽身選課忙

　　話說雖是病了，我還是照樣撐著病體去選課，去作個案治療。我這回可真是被逼上梁山了，非得要做出一些東西不可，非得要有所收獲，既便是小小的收獲。這些都是頭腦在作祟。頭腦它永遠是老大，永遠不跟身體妥協。對於這一點，我感到很無奈。

　　初來乍到，對於選課方面實在無從着手，又無人在旁指導；而多元大學裡的課程不單多樣化且多層面，層次也有所不同。麥娜曾建議我找社區裡的一名日籍女導師作導引，可我一時又找不著她，只好自己憑直覺來選課了。

　　（註：奧修多元大學據說是世界上最大的靜心以及個人成長中心。它包括有西方治療、東西方的治療藝術、奧秘科學、創造藝術、歸於中心（Centering）及武術、譚崔（Tantra）、禪宗、蘇菲（Sulfism）和靜心治療團體。多元大學提供個案（Individual Session）及團體課程（Group Session）；它包括了團體及專業密集課程（Intensive Courses）等等。除了它的多樣化，更獨特的是所有這些使用在不論是有關身體、頭

腦、情緒或是精緻能量身體（Subtle Energy Bodies）上的方法都是以靜心（Meditation）做為基礎和目的的。）

　　以下即是我首次在多元大學裡所自選的部份課程：──

（一）開啟內在小孩（Opening to the Inner Child）

　　根據課程介紹──「作為一個小孩，他具有與生俱來的天真、戲謔性、快樂的本質。對生命的奧秘充滿著好奇。然而這些自然的本質卻不為家長和社會所重視，相反的他們在孩童那脆弱的心靈裡灌輸了虛假的價值觀，致使孩童本有的充滿活力的自發性以及快樂的衝動被壓抑了！本課程乃屬一個治療性的過程，它掀開了內在層層疊疊的情感創傷，讓它們再度被感受、表達以及溶解在一片愛的氛圍裡……最終啓開一個全新的空間，讓一個活生生的具有天生自然本質的內在小孩再度顯現。」

　　這是一個為期兩天的團體課業療程（西元二〇〇二年一月四日至五日）。我們一班大約有二、三十個參與者，來自不同的國度、不同的文化背景、不同的年齡層，大家聚集在一塊，共同探索一個課題──「開啓內在小孩」。

　　曾幾何時，我們個個與生俱來的天生自然本質都一一的被剝奪了。在不知不覺中，在歲月的流失中，我們個個變得什麼都不是，變得全然的陌生。

　　而今，這些不同國度、不同背景、不同年齡層的人聚集在一塊，一起面對一個共同的 "創傷" ── 情感被壓抑的創傷。

　　在這個「內在療程」中，它巧妙的設計了通過「內在小孩」（它代表著你真實的內在本質）與「受傷小孩」（它代表著外在世界中的你）的一段對話，從中帶出那一直被壓抑著的情感創傷，讓它層層浮現，再度被感受和了解，最終得到釋放。這段療程讓每個人再次變得活生生，從中了解到那個天真快樂的「內在小孩」原來一直都在那裡，從來就不曾離開過我們，它只須時時刻刻的被記住，時時刻刻的與它溝通，這樣你就不致在外在的成人世界中迷失了！

（二）提醒自己 ── 與身體頭腦說話

　　「提醒自己 ── 與身體頭腦說話」（Remind Yourself ── Talk to Body-Mind）是一個為期七天，一天只上一個小時（早課）的團體課程。它利用了 "催眠術" ，讓你和你的「身體頭腦」聯繫上，然後與它作朋友。接著展開一段療程 ── 藉著深沈的鬆懈與無意識作溝通。

　　這是一個非常具有特別意義的課程 ── 與自己的身體頭腦裸誠相對，向它傾訴你從來就不曾想過要說的話，即如：「我親愛的身體，我從未曾好好的愛過你，對不起。我也從來沒重視過你，尊重你，我常常自以為是，深深的傷害了你。對於你為我所作的一切，我非但不知感激，只有怨怪。我一直都不曾顧及你的感受，對你作出諸多的傷害……請你原諒我……。」

　　一遍又一遍我對著它喃喃的道出以上所列出的這一段話語，每說到激動處，竟哽咽不能成聲，愧疚爬滿心胸，一時不能自已，但任淚水橫流。

　　這還是我頭一遭和「身體頭腦」作如此緊密的聯繫，並與它作親密的溝通。它讓我感知到我雖不是這個身體，可卻不能沒有它！沒有了這個身體，我成就不了任何事，包括了內在與外在。所以說我必須小心翼翼的去維護這輛舟車，愛惜這個身體。

（三）開啟心靈本質

　　「開啟心靈本質」（Opening to the Heart）是一個為期三天的團體課程（西元二〇〇二年二月二十五日至二十七日）。本課程意在發掘心靈的真實本質 ── 如接受、信任、純真無邪和快樂，並與它再度取得聯繫。

　　大多數的時候，人與人之間的交流或溝通都是從腦（頭腦）不從心。我們已經習慣了由頭腦來發言而不是用心來說話。這個課程就教導我們如何去識別這個偏差以及如何用心去與人溝通交流，又如何把流失的能量回歸心靈，以及如何去處理負面性的情緒問題。

　　在課堂上我們除了用心靈音樂（Music for Heart

Chakra Meditation）作靜心以及觀心外；也利用了二人組合作「交談」試驗。之後發覺到當用心與對方交談時（彼此正視對方，以穿透對方眼睛的方式；心對心，將注意力集中在「心輪」（Heart Chakra）的位置。），感覺比較能夠深入而且真誠，溫馨且具真實感。而當用腦（Mind）與對方溝通時，則顯得表面化且不夠真誠，無法深入對方。由於頭腦本身就是一個聒噪不休的話匣子，或說它就是一個繁忙的交通系統，思想的車子來往穿梭不斷。是以它無法專注於任何一件事，比方與人說話。

　　除此，我們也學習了用心去聆聽、去感覺。聆聽大自然的一切，諸如流水、風聲、鳥鳴等等。還在各種場合練習用心去聆聽，包括了與人對話、和朋友交談等。當用心去聆聽時，感覺比較清晰、不混亂。一切清楚而又明確。

　　另外，我們也練習以鏡子來觀察自己的影像這項試驗。那即是對著鏡子，用心觀察自己的影像（將注意力集中在心輪）。觀察結果感覺到那只是個 "影像"，並不包含其他的意義。而當用腦（Mind）來觀察時，則開始評估鏡中的影像，並指認出那是 "我"。還有另一項試驗是練習對著鏡子跟自己說話，分幾個階段進行。先從頭（腦）開始，自己看著自己說話；之後輪到用心（注意力集中在心輪）對著鏡中的自己說話。然後再反過來由心先開始，接著才輪到頭（腦）。最後則完全由心來作溝通。

　　一般上，吾人都習慣了用頭腦（Mind）來觀察事物，可卻沒察覺到頭腦本身所製造出的各種噪音，它經常干擾著吾人真正的去面對一件事物，因而產生混淆與紊亂。

　　由於頭腦的本質就是在製造混亂；是以當吾人面對任何問題時，最好的辦法就是由「心」來作決定，讓心來想辦法。所以經常練習與心溝通，多了解自身的狀況，你就知道如何去應對一切了。

　　除此，心亦可為你處理負面的情緒。當面對痛苦、悲傷或憤怒時，試著想像心能包容一切，而將這些負面的東西完全吸收然後化解。這時你可利用深呼吸運動，深深的吸入一口氣，想像將這些負面的東西完全吸入心的部位，之後再長長的吐出一口氣，想像將它完全的吐出。如此反復作數次，當可得到意想不到的效果。

　　心可說是吾人最親密的伙伴，它比吾人身邊親近的人還親，它是吾人唯一的依靠。我們不能一刻沒有它。

　　心是完全可以被信任的，它絕不可能拋棄你，背叛你。當你快樂時，心就快樂，你甚至可以內觀到心花怒放的情景。當你悲傷時，心就悲傷，你甚至可以感覺到心在哭泣！是以它永遠與你站在同一陣線上，同甘苦共患難。

　　是以從頭降至心，與心多溝通，它將有助於你去發掘那把"內在之鎖"，並用它去啟開另一片天空，那片早已被你遺忘的屬於真實的你的內在本質的天空 —— 純真、善良、具有接受性和快樂。

（四）呼吸訓練（團體課程）

在所有的團體課中，有關「呼吸」的課程可說是佔了極為重要的一環。或許你會說：呼吸人人皆會，有什麼好學習的？

說的沒錯。呼吸就是生命，有誰不會？不會可就沒命！

然而關鍵就在於你怎麼去看待"呼吸"。一般常人的呼吸都是淺顯得近乎沒有了感覺。長久以來，吾人大多數已經忘了要如何去作一個既深且長、穿透全身的深呼吸。若你仔細去觀察一個嬰兒或孩童，當他在哭鬧的當兒，都是使盡全身的力氣，由很深的呼吸來帶動，那是一種很全然很強勁的呼吸，它充份的體現了整個生命的活生生，而不是死氣沉沉。

呼吸帶動生命。所以用很全然的呼吸深入整個生命是至關重要的。它不單可以讓你活得很全然很盡致，也可把你推向生命的最高峯，讓你品嘗生命最終開花的喜悅。唯因呼吸本身就是一座橋樑，它銜接於意識與無意識之間，也銜接於身與靈之間。倘若你能善用此橋樑，它將渡你到彼岸。

而對於那些有志於去開發和探索生命能的人士，呼吸可說是個極其有利的工具。

透過聯繫內在的深呼吸訓練，你得以鬆懈身心，並釋放出那長期被壓抑的情感和因壓抑所造成的身體緊繃；同時也讓過去一些未能解決的課題重新得到整合。通過穿越多重不同層面的個性，你最終創造出一個清晰的覺察力，對無意識和一些既定的模式有所了解。

在團體課中，我一連參與了兩個有關呼吸的訓練課程，它深深的震撼着我，也驚動了我的五臟六腑，似乎把它們全都給震醒過來了！（我所參加的課程包括了：「Tantric Breathing」和「Breathing into Life」。）

這「呼吸訓練」是仰臥（類似產婦待產之姿）在地面上（在一張塑膠牀墊上）進行的，過程異常艱辛；除了該課程的導師，還有數名志願幫手在旁協助。在那短短的三日訓練課中，我幾乎都是又叫又哭；感覺上它有點像產婦在生產過程中利用深呼吸來完成任務，所不同的是產婦從自己的身體裡吐出一個新生命；而我卻是吐出那危及身心的障礙物。它讓我深深的感受到這呼吸實在不簡單、非比尋常，似乎全身上下大大小小的細胞都出動了來參與這項壯舉！在整個過程當中我頻頻坐起身嘔吐，身邊雖備有塑膠袋，可卻派不上用場，臨時就近抓了個垃圾桶來吐個痛快。我感到很震驚，自家這副單薄脆弱的軀殼竟然隱藏了這麼多負面的東西，而我卻呆然一無所知！

動態靜心和亢達里尼靜心

在參與所有的團體課程時，值得一提的是我們每天清晨都得起早摸黑的趕往社區的大佛堂作動態靜心（Active Meditation）（這是課程的硬性規定）。這項靜心活動長約一個小時，共分五個階段來進行。而在第一個階段的十分鐘裡就與「呼吸」有關 —— 那是透過鼻子作混亂的呼吸。注意力集中在呼氣，身體會自然吸氣，盡可能快而且用力深呼吸，使用全身的自然擺動來幫你湊起你的能量，感覺你的能量在堆積起來，然後利用這些能量去進行第二階段的盡情發洩。第二階段（十分鐘）：它是一種爆炸性的發洩。它讓你放出每一樣你必須丟出去的東西。這時一個人開始變得完全瘋狂，大聲尖叫、哭喊、笑、罵等等盡情的發洩，不要有任何的保留，不要讓你的頭腦去干預那正在發生的一切。到了第三階段（十分鐘）：發洩完畢，雙手高舉，開始跳動，一面喊出「護！護！護！」的聲音。跳動時整個腳掌著地，讓那個「護」的聲音深深的打擊你的性中心。第四階段（十分鐘）：當配樂中傳出「停」時，你即時轉變為完全的靜止不動，就好似被人點了穴位。此時你必須保持你當下的姿勢，不作任何移動或調整你的身體，你只要保持觀照。第五階段（十分鐘）：以音樂和舞蹈表示慶祝，歡樂的慶祝。

　　這個動態靜心是在關閉所有室內燈光下配合著音樂進行的。整個過程眼睛必須緊閉（最好使用眼罩）、空腹、穿著寬鬆舒適。

　　除了每天清晨六時的動態靜心，另外一項必須作的靜心是傍晚時分的亢達里尼靜心（Kundalini Meditation）。它被視為動態靜心的姐妹搭檔。是由四個階段所組成，每個階段長達十五分鐘。

　　第一階段：共十五分鐘。放鬆，讓整個身體自然震動，感覺能量從腳的部位往上移，而身體的每一部份位都放開來變成那個震動。第二階段：十五分鐘。跳舞。按照個人的感覺自由發揮，讓整個身體按照它自己的方式來移動。第三階段：十五分鐘。閉著眼，靜靜的坐著或站著，同時觀照任何發生在內在和外在的事物。第四階段：十五分鐘。閉上眼睛躺下，身體保持靜止。

　　整個靜心過程伴和著音樂來進行。

　　以上兩種靜心是奧修特別為他的門徒而設計的。尤其是動態靜心，它更符合了現代人的需要，藉著它來發洩內在情感的壓抑，包括了悲傷、痛苦和憤怒。情感的壓抑和精神分裂可說是現代文明的兩大產物，西方人首當其衝，而東方人也漸次跟進。是以奧修所設計的特別靜心技巧不僅符合了西方人的需要，就連東方人也大大的受惠。

　　（註：奧修的動態靜心技巧據他自己所言是包含了
來自蘇菲、瑜珈、和西藏傳統的方式，以及現代心理學
的發現。）

白袍會

　　接著特別要介紹的是晚間從六時五十分至九時的兄弟（所有奧修門徒）白袍會了。它可說是在忙碌了一整天之後的一個"壓軸性"活動。門徒個個在經歷了一天的辛勞之後，將自己刻意的洗刷一番，再換上一身光鮮潔白的白色袍子，悠閒的出席了這場白袍會。這時候的大佛堂可謂是氣氛非凡，眼見千朵白蓮席地而坐，殷切的期盼著一場盛會的開始。不覺令人想起當年靈鷲山上佛陀會弟子的情景……。而二千五百多年之後，「昔人已乘黃鶴去，此地空餘靈鷲山」……。同樣地，而今大師不知何處去，大佛堂內千朵白蓮也只能空對熒光幕上當年大師講道的影像去想像當時所發生的一切盛況了！（大師於一九九〇年圓寂。）

　　整個大會始於歡樂的、盡情的舞蹈和慶祝。隨著激情的舞蹈達到最高潮，在高喊「Osho」三聲之後（Osho 在這裡是被當著咒語來使用，藉着它把整個場面的能量提升至最高點。），緊接著就是十分鐘的靜坐。之後就是傾聽大師的「講道」錄影製作。再隨後就是一段由大師所設計的靜心單元。它包括了第一階段的

「亂語」（它即是去除腦中的塵垢，說任何你不懂的語言，把所有瘋狂的想法都丟出去。）；第二階段的「靜坐」，集中內在的能量。這個時候，大師會說一些話語，以幫助大家進入得更深；第三階段是「放下」。這時每個人隨即臥倒在地面上，好像死了過去一樣。就如大師所言：「外在世界、身體、心智頭腦都死去，唯獨永恆留下。」最後一個階段是請大家再度活過來。記住整個靜心過程和所經驗過的，好讓它可以如一條潛流，一天二十四小時都在你體內流動著。

　　以下是摘錄自大師在靜坐過程中所說的一些話語片段：──

　　「靜靜的……閉上你的雙目，感覺到你的身體完全靜止不動了……再將你的意識、生命能量朝內集中，盡可能地深入，毫無畏懼地。它是你自己的生命，除非你認識它，否則你將會在生死輪迴和矛盾迷惑中受苦……你只要變成一支箭，深入、深入、再深入。這就是你 ── 你的本來面目，佛。帶著深深的感激進入。你將會發現，裡面除了你之外，別無他人。那個在外面游蕩的，只是一個投射的假象而已。真正的主人永遠都在你裡面。」

　　「放鬆……讓身體躺在那裡，頭腦遠離，而你只是一個觀照者。什麼都不必做，只要觀照。這個觀照就是你的原始本性，不會毀壞、也不會受干擾。

　　它就像是一面鏡子。它反映萬物，卻依然空無與寂靜。

　　從你的生命泉井中取水來喝，並且要記得這個方法。二十四小時中，只要一有時間，就往自己的內在去看。它並不遠。

．．．．．．．．．．．．．．．．．．．．

　　你是超越時間、超越頭腦的，你也超越空間。你就是永恆，你就是不朽。這整個天空都是你的，當所有的負擔都落下，無限的自由就來到了。」

　　「回來。但請帶著你的佛性回來，跟你的主人在一起。慢慢地、靜靜地、莊嚴地，靜坐一會兒，享受和回想那發生在你身上的祝福。

　　你已經到過神聖之境。

　　你已經見過自己的本來面目。

　　讓這個經驗像一道潛流，流進你生活中的每一個行動和姿勢。慢慢的，它就會變得像心跳或呼吸一般，自發而有自己的節奏。不論清醒或睡著，你仍然是佛，因為這道潛流，你所有的個性、一切善惡思想、一切行動，都將完全得到轉化，轉化成一種你意想不到的形式。

　　改變來自你的內在體證，沒有捷徑。

．．．．．．．．．．．．．．．．．．．．」

　　所以每天，每個門徒都有機會與大師共渡一段美好的靜心時光。每個門徒也都有機會體驗成為一個佛，莊嚴一下自己，那種感覺真太美妙了。

個案課程

—— 「按摩治療」

　　奧修多元大學除了提供種類繁多的團體課外，它所提供的個案課程（Individual Session）亦是非常的多樣化，任何人來到這裡都能夠找到他所需求的東西，因此有關課程受到普遍上的歡迎。

　　所有負責個案的導師也都經過特別的訓練；他們大都是多元大學裡所培訓出來的而後獲准在這裡開課。

　　在所有的個案課程中，給我印象最為深刻的莫過於「按摩治療」了。

　　說到「按摩治療」，它可不是一般的"按摩"。一般上，按摩師都會先讓客戶伏臥在床，在詢問過客戶的需求之後，即開始作業。兩者之間並沒有作進一步的溝通或交流。按摩者只顧做他應做的，而被服務者卻在過度的享受和放鬆中沉沉睡去，直至整個過程完畢被喚醒為止。

　　依據我個人的經驗 —— 當我初次接觸按摩治療時，的確如此；只知一味的從按摩師那裡得到好處，完全不知要回饋對方，與對方作無間的配合以達到一定的效果。就說我第一次作「再平衡」按摩治療吧，最終只見那按摩師累得氣喘喘的，面色慘白，似是生了一場大病，教人於心不忍。後來當我再嘗試作其他的按摩治療時，幸得各別導師的指點，方學會了如何去配合對方，與對方作同步的深呼吸運作；意即在按摩的過程當中以呼吸來相互配合，彼此達到心靈層次上的溝通，同時也讓彼此的能量得到交流。

值得一提的是整個按摩療程本身就是一個靜心過程，同時也是一個觀照過程。那被按摩的由始至終都保持在一種警覺的狀態中，與按摩者達到一個全然的默契，彼此相互牽動著，那種感覺是很美好的！

尾　聲

　　在普那奧修靜心營的那六個星期裡，我總共參與了八個「個案療程」以及六項「團體課程」；而其中有五個星期我都在生着那磨人的病 …… 現今回想起，實在無法想像自己當初到底是怎麼撐過去的？！或許那就是所謂的 "求道心切" 而不顧一切吧！

　　就為了不虛此行，我努力的把自己變成一塊海棉，貪婪的去吸取每一滴值得吸收之物。那一段日子，我人在靜心營，心在靜心營，滿腦子充塞的盡是靜心營里所發生的一切事物，再也容納不下其他的東西。外邊的花花世界已離我遠去……。

　　有人問我：你去印度這麼久，都走了哪兒？

　　我說：日日往返於居所與靜心營之間。只有那麼一回，手錶停了，只好雇了一輛嘟嘟到普那市區光顧了一家鐘錶店，就此而已。

　　聽者瞠目結舌，不敢相信。

　　儘管奧修靜心營是個國際知名的靜心營，許多人都慕名而來此地靜修；然偌大一個營裡還是少不了參雜著一些男歡女愛的故事和一些離離合合的悲喜劇。是以欲在這裡靜心以祈求得解脫，真是談何容易？此外，也有一小撮人醉翁之意不在酒，只想來此尋歡作樂，逢場作戲罷了。

　　奧修生前並無立下任何門規限制他的門徒或者短期訪客作任何事。他唯一的告誡就是不論你在作著什麼事，永遠都要保持警覺。

　　是的，警覺，永遠保持警覺。時時刻刻保持警覺。一個人不可能一下子就變成 "無慾" 的。他必須由 "慾" 開始，帶著一顆警覺之心，經歷，再經歷，最終超越它。這段過程既漫長且艱辛，然而卻是值得的。

　　是以，表面上看來，大師並不反對他的門徒放縱自己，然卻也不鼓勵他們去放縱；他只要求他們保持警覺。在放縱中警覺，這是很微妙的，也是很關鍵性的。當一個人能在放縱中警覺時，他就可免於放縱。這總比一味克制自己不去放縱還來得全然。

第 四 篇
印度普那（*puna*）行
—— 靈修之旅（二）

單槍匹馬二度訪普那

　　話說西元二〇〇二年的二月八日，當我獨個兒悄悄離開普那回到濶別六個星期的島國，帶着渾身上下都充滿電的愉悅心情，準備以全新的姿態再度融入這花花世界。

　　然而，卻沒想到一年過後，那充滿電的軀殼也終有耗盡的一日，我一下子又被打回原形，再度陷入低谷的狀態……。失望痛苦之際，我再次興起重返普那作靜修的念頭。這或許就是何以有眾多人都把普那靜心營當作是心靈寄托之處，一再的逃回那裡避難了。

　　而奧修大師本身卻不希望他的門徒過份依賴他，把他的營地當成避難所。他只盼他的門徒儘快成長，然後到外面的世界去為他散播種子，作傳燈的工作。

　　我遂於二〇〇四年元月二十六日再次造訪普那。此番我並無找人結伴同行，而是單槍匹馬。我只請求麥娜幫我尋找在普那的棲身之處。她為我介紹了她的印藉好友桑吉塔的公寓。

我的印籍房東
—— 桑吉塔和她的公寓

　　桑吉塔的公寓離社區（靜心營）很近，走路大約只需十分鐘，對我來說，確實是很方便的。

　　每年的十二月至翌年的二月份是普那社區訪客的高峰期。碰上這個時候，租宿既貴且難找。而我算是幸運，有麥娜作介紹人。桑吉塔把她偌大的主人房（附有洗澡間及廁所）給讓出來了，自己搬到側房去住。此外，一個不大的客廳也用布簾隔開成兩小空間分租與人，大家共用一個衛生間及澡房，租金稍稍便宜些。而我的女房東就是這樣藉著把整間屋（除了給自己留下一個小房間跟一個小煮食間）都租出去以賺取更多的利潤來補貼她的公寓費用。而待到冬季這個高峰期過了，訪客也逐漸少了，周圍一大把空房等著出租，競爭激烈，甚至無人問津；這時識時務的她就把整間屋給收回來了，供自己享用。

　　桑吉塔的公寓就在第三層樓。可能是缺少維修吧，電梯顯得老舊不堪，且時有故障；再加上整幢公寓定時性的節省能源運動，所以有大半的時間這電梯是不操作的。所幸只有三層樓高，爬上爬下勉強還可以應付。只不過每隔一日，我就得由外頭採購回來一大瓶約五公斤重的礦泉水，提著它走上階梯就稍嫌吃力了。

我所入住的大房就緊貼著來往繁忙的車道。對街又是一整排鬧熱的商店跟吃喝場所，通宵達旦響徹著各種噪音，尤其是纏綿不斷的印度音樂。這令我想起了遠在天邊的島國，繼聞師父的禪林不也一樣座落在車水馬龍的繁忙大街道旁，兩者不盡相似，身處其中皆需有很大的定力才能安住。

至於大房附設的洗澡間則是三合一式的；如廁、洗刷、洗澡全都合在一塊。洗澡的時候，整個澡間頓時變得汪洋一片，慘不忍睹。而洗臉盆更是令人啼笑皆非，每當洗刷的時候，污水直接落到地面，弄得一地都是。只好找個大水桶放在面盆底下接着，然後再一桶接一桶的倒進馬桶裡去。

還有就是如廁用的廁紙則是粗糙無比，我都把它沾濕了再用，否則的話，不出三日必皮破血流。印度當地人少用廁紙，大都以水來沖洗。所有的馬桶都附設有供沖洗用的小水管，如此既省紙又合衛生，說到這一點，我覺得他們倒是挺先進的。當然若要拿它來跟日本當今的「馬桶文化」相較量的話，自是遠遠的跟不上了。說到這個，不禁想起自己初赴印度的時候，麥娜就曾提醒過我：一定要記得帶衛生紙喔！我很聽話的從獅城帶了六、七卷紙過去，很省很省的用，可結果還是要逼着自己去學習洗屁股文化，才省去諸多的麻煩。

在家千日好，出外半日難

　　有很多人一提起到印度生活或旅遊，便立即把頭搖得像搏浪鼓般：「不不不！用轎子抬我都不會去！」個人倒覺得在普那作靜修的那段日子，對我來說確實是個很好的生活歷練。

　　印度的髒與亂是眾所皆知的。擺在街邊的東西買不得也吃不得。從水籠頭流出來的水不能直接飲用，甚至不能用來刷牙漱口。有某回我以為只要水煮開了就可飲用，那知過後還是跑了幾趟廁所拉肚子。

　　不過，從桑吉塔家步行出來不到數分鐘的對角頭路口處就有一家德藉老板開的飲食店，也兼作外賣的，他店裡賣的食物真是琳琅滿目，歐式加上印式的烹調，既經濟又好吃。這家店就座落在繁忙的交通路口塵土飛揚處，照說有點不合衛生；然而，說也奇怪，我經常去他店裡光顧，尤其喜歡吃它的意大利沙拉以及塗上印度醬料的三文治，卻也安然無事，這可說是上天保佑了。

　　從桑吉塔的住處步行出來，沿街盡是坐著、站著乞討的印度婦女跟小孩。我被告誡過千萬不得對他們有任何憐憫的舉動，否則將被重重包圍，脫身不得。我因而被嚇壞了往往都是快馬加鞭往前直衝，不敢左顧右盼，更不敢回首。心裡頭著實過意不去，但也只能雙手合十祈願上天多多憫佑他們了。

再說街道兩旁盡是擺街攤的小販。特別是那些售賣服裝的，專對外地訪客下手，漫天亂開價，往往非得殺它半價不可。

所謂馬路如虎口，此言真實不虛。這裡的車子從不讓人，由於這附近並無交通燈管制，路人往往得作好準備勇敢的跨越虎口。然儘管如此，卻少有意外發生，印度司機的技術真是一流！尤其是坐上嘟嘟機動車，在人流、車流裡橫衝直撞，直叫你心驚膽跳，可那車夫卻若無其事般的叫人佩服。

待過了馬路，對面一條橫向的林蔭小道即是通往社區的道路，步行約需三、五分鐘。路口兩旁擺滿了花攤。劍蘭、玫瑰、菊花、百合，還有一些不知名的花卉，爭紅鬥麗；在微帶寒意的晨風吹拂中，散發出陣陣的淡淡的香氣，教人忍不住的想駐足多瞧它一眼。

偶爾你會驚喜的發覺有人在地面上擺了個小水壺，幾株含苞待放的蓮典雅的佇立其中，叫人禁不住的想買下一枝回房供著。那是佛的化身。

此外，尚有人騎著自行車，車前懸掛著一串串沁人心脾的白色茉莉，忽然的在你面前停下，要你買下一串套在脖子上……不由得教人想起年幼時老家門前母親親手栽植的那一大叢茉莉花樹……。

大師與玫瑰

　　大師生前特別鐘愛玫瑰，深紅色的玫瑰。「玫瑰」這個詞兒經常出現在他的演講裡、話語中。而「神秘玫瑰」就是他刻意為他的門徒設計的一個團體課程。我聞說有人參與此課程共達十三次之多，足見她底魅力了！（稍後介紹）

　　第二次造訪普那社區我已不似先前那樣的茫無頭緒了。有了第一回的來訪經驗，我已然能夠從從容容的獨立行事，不再仰仗他人。我給自己擬好一份"清單"，在一日之內辦妥所有該辦的大、小事務。跟著就是靜下心來好好的思考到底此行作何目的，似乎不可能再去重復第一回來普那時所經歷過的任何經驗了。儘管奧修經常說人生是沒有任何目標指向的，所以凡事不應抱持任何目的，否則最終將以失敗收場。可是在還沒真正弄懂這個之前，我是不可能不抱著任何目的去經歷一些事的。

神秘玫瑰

　　這是一個爲期二十一日的團體課程（西元二〇〇四年二月一日至二十一日）。

　　我之所以選擇參加「神秘玫瑰」這項團體課程並非憑直覺，而是有太多人向我提起她，教我忍不住也想試一試，看看她到底有多神秘了！

　　奧修曾經這麼說過：眼淚帶走所有隱藏在你內在的悲傷，而歡笑帶走所有阻止你達到喜樂的拘絆。

　　「神秘玫瑰」（Mystic Rose）是奧修所精心設計的一個爲期三個星期二十一天的團體課程，共分三個星期以三個不同的階段來進行。

　　第一星期：每日作三個小時無間斷的「笑」，爲時七天。這將幫你除去所有阻礙或者壓抑你內在的屬於自發性的歡笑和喜樂。

　　第二星期：每日作三個小時無間斷的「哭」，爲時七天。這將助你釋放出另一層面的壓抑，包括所有的悲慟和淚水，以及讓你更進一步卸下所有積壓在內在的痛苦和煎熬。

　　第三星期：作爲一個「山頂上的觀察者」，爲時七天。帶著一顆被徹底淨化過的心，你將進入到一個靜心的階段。

現就試着想想七、八十人擠在一塊在一個小空間裡一起笑跟一起哭的那種場面吧，真可謂是盛況空前。而我所參與的「神秘玫瑰」就是這般的不可思議！

而這整個過程就在安放大師骨灰的地方 —— 「莊子屋」裡頭進行著的。

這間肅穆的骨灰室平常時是用來當作靜坐冥想室，任何人有意在此靜坐都必須先登記繳費。骨灰室有專人特別照顧打理；尤其是舖著雪白大理石的地板更不准人隨意踩踏，必得穿上白襪方可進入。除此，也不准許人將頭叩在地上膜拜，唯恐弄污大理石地面。像這樣子的一個「聖地」而今卻被充當成課堂用，可說非比尋常，別具意義。

雪白的地面上此時都舖滿了一張張的塑膠牀墊。課程導師讓我們每人各選一張牀墊作爲今後三個星期裡上課時的 "安身" 之處。是以七、八十人每人雖各據一小長方塊地，然卻是緊緊的挨靠著，笑時笑成一片，哭時哭作一團，真正做到連成一氣，相互影響。

然而，說到笑，它並非一般人所想的 "說說笑笑" 的笑，"談笑風生" 的笑，有所感、有所引發的笑。它是無來由的笑，沒有任何因素所引發的笑。它是一種發自內在的笑，不必有任何因由。

也就因此，有好些人一時真不知該從何 "笑" 起，索性坐在那裡按兵不動，看著另一類人笑。那笑的人笑得死去活來，笑得喘不過氣，笑得在地上打滾。那近乎誇張的笑，就像是一群瘋子……。而看的人卻是無動於衷，隔岸觀火，就好似在觀看着一場戲，帶著幾分無奈、幾分無聊。

　　我想起了大師生前似乎曾經這麼說過，不論你在做什麼，都要做得全然。全然意即一百巴仙。唯有如此，方能有所超越。當你處於全然中，全然的投入，把整個兒給丟進去，如是便沒有了自己，而達到無我的境界……。

　　而我所處的位置就在最前端的第一排，靠近置放巨幅大師肖像的階台。

　　面對台上大師巨幅的肖像我若有所思……，大師和藹的面容，此時正對著我似笑非笑。我突發奇想的趨向前去，對着大師猛作鬼臉，猛吐舌頭，看看是否能逗他一笑，就這樣……大師不笑反倒是我自己笑歪了，倒在地上喘不過氣來！自此，我天天都在笑，一天笑足三個小時，總共笑了七天二十一個小時。

　　課餘時間有位同團台灣友人對我說：「你真的很棒，從頭到尾都是那麼的投入，那樣的全然！」

　　我淡然一笑，又想起了大師所說的：「不論你在做啥，都要全然的去做。一半做一半不做是不會有任何結果的。」此言我牢記在心。

　　哭與笑看來是兩個極端。樂極生悲是常有的事。喜極而泣是人之常情。但在這世上能夠真正歡笑的人似乎不多，反而是憂傷和痛苦佔據了大部份人的心靈。

哭，能夠放聲痛哭，號啕大哭，不顧一切的哭，這倒是一件好事；然而就是有好些人卻認為哭是小孩的專利，女人的特權，尤其羞於在他人面前哭泣，只因那是弱者的行為，不宜隨便展示。是以刻意掩飾自己，強顏歡笑是現代人在人前的一種慣有包裝。忍住眼淚，淚水往肚裡吞是一種莫須有的壓抑。

是以當「神秘玫瑰」進行到第二個「哭」的階段時，我們即刻的轉笑為哭，那是一個很大的轉變。

想哭不敢哭，欲哭無淚，或者是根本沒機會哭……這都是現代人所共同面對的一些困境与障礙。而「神秘玫瑰」正好提供了這樣一個莫大的空間讓你盡情的去發洩，痛痛快快的哭它七天二十一個小時！

於是，各式各樣的哭聲頓時充徹著整間莊子屋，足以驚天地動鬼神！

在這之前，我對著大師笑，而今卻對著大師哭。我不只為今生而哭，更為前世哭，前世的前世，還有前世的前世的前世……許許多多世以來所累積下的無盡的傷悲和苦痛 ……只祈此刻都能得到化解。

就這樣，我不僅對著大師哭，還跑到導師面前與他相擁而哭。

我坐著哭，我躺下哭，沒完沒了，每天三個小時，總共哭了七天二十一個小時。

　　我一心一意的哭，哭到最後彷彿整個兒都被掏空了，腦袋裡一片空白，不能思不能想⋯⋯正懷疑自己是否變呆了⋯⋯馬上進入到第三階段的「山頂上的觀察者」。

　　每日靜坐三個小時。間中相隔一段時間得以起坐鬆鬆筋骨。剩下的非打坐時間（不論吃、喝、住、行）都得禁語。我為自己在胸前別上一個「In Silence」（肅靜中）的標語，任何人想趨前同我說話，我就指指胸前的佩物，讓他自動撤離。走在路上，我把頭壓得低低的，只顧看腳下前方三尺地。在那七天裡，我就是這樣不言不語的活著，就像是個孤島。

　　腦袋被掏空了，不思不想，心頭一片寧靜⋯⋯是我此時的寫照。靜坐時偶遇佛身罩著金光顯現於前⋯⋯忘了是那位禪師說過「佛來佛斬」這句話，可我卻沒想到要去斬佛，但也不去搭理他，任由他在那待著，然後自動消失。

　　我且觀照。

　　這是一個十分難得的經驗。

　　「神秘玫瑰」真是太神奇了。

　　課程結業那天，我們每人都被贈以一枝深紅色的玫瑰，那是「神秘玫瑰」的標誌。

　　我小心翼翼的捧著它回到寓所，供養在礦水瓶中，安置於大師的巨照底下。這張巨照特別強調了大師那光著腳板的完美的雙足。時而我心血來潮想與大師溝通，

便試著以手輕輕的去觸摸他那雙光滑底腳板，隨即感覺
到有股能量微微的牽動著我底手而震動起來⋯⋯我很慶
幸自己居然能以此方式去與一個不在的「在」溝通⋯⋯。

　　那被供養著的玫瑰原本是含苞待放的，不知怎地忽
然呈現枯萎的狀態，我覺得有點無奈，但仍繼續供養著
看看是否能起死回生⋯⋯。那知隔日起牀一看，啊，它
真的又活過來了！花瓣再度挺起，繼續綻放開去，真是
奇蹟啊！我抬首望了望大師那雙光滑完美底足，不可置
信的搖了搖頭。

沙門能量工作訓練坊

（Shamanic Energy Work Training）

　　這是一個爲期十日的團體課程（西元二○○四年二月二十三日至三月三日）。

　　Shamanic 這個字源自 Shaman。根據我手頭上一本簡易英漢辭典的譯意，Shamanic 是「巫師、巫術」之意。

　　又根據我上網查詢，Shamanic 這個字源自一個西伯利亞（Siberia）文字。其後被用來沿稱所有執行與靈魂層面有關的原始土著醫術的男、女醫師（或稱巫師）。而後來更發覺世界各地都存在著類似此種藉著與靈魂層面相互聯繫來作治療的男、女醫師。

　　繼「神祕玫瑰」之後，我又報名參加了這項爲期十天的「沙門能量工作」訓練課程。我選擇這門課並非爲了日後有望去當一名有關這方面的治療師；而是爲了滿足自己的好奇心，想從中去瞭解、去探索那屬於內在另一個層次空間的東西。

　　阿南達是負責這門訓練課程的主導老師，帕拉蒂帕則是她的搭擋助導。她倆都是德國人，在普那已有一段很長的時間。阿南達曾追隨奧修多年，是位很資深的導師。我能有幸邂逅這位恩師，真是拜奧修所賜，冥冥中為我牽引。

（據知奧修最早期的追隨者除了印度本土人外，其他大多來自西方國家。後來他在普那建立社區以後，就有大批來自世界各地的求道者；除了歐美一帶，還包括了澳洲、紐西蘭和日本等國家。他們都是來自各個不同的行業跟領域。）

阿南達格子瘦小結實，一頭棕黃色短髮，篷篷鬆鬆的。她的特點就在於那雙犀利無比的眼睛，令人望而生畏。她說話很直接，很不客氣，時而令對方感到很難堪。不過與她相處久了，知道她的格性，也就沒事。

她的搭檔帕拉蒂帕體型則微胖，且擁有一頭蓬鬆卷曲的棕黑色及肩秀髮。她有著一雙非常令人著迷的深藍色之眼，有如海洋般深不可測。她時常面帶微笑，讓人覺得溫馨親切。只不過由她身上所散發出的幾分神秘家的特質和風采，卻又令人望而卻步，不敢隨意親近。

在課程未開始之前，阿南達為我們作了一個有關 Shamanic Energy Work 的示範講解。由帕拉蒂帕充當她的 "模特兒"。兩人合作無間的示範，令在場圍觀的所有學員大開眼界，對這項一向感到陌生的原始治療醫術有了初步的認識和了解。

課程內容包括了從每天清晨六點鐘在大佛堂所舉行的動態靜心開始直至晚間九點鐘的白袍會結束為止。正課時間安排在早上九點至下午四點半左右的這一段時間。四點半過後得趕往大佛堂作「亢達里尼靜心」。然後才是休息以及晚點（點心）時間（在印度，正式的晚餐時間是排在晚間九時過後）。接下來就是準備出席傍晚六時五十分在大佛堂的「白袍會」了。而在白袍會之後大伙兒時而還會被請回課堂去觀賞一場令人心胸糾結不已的電影錄像帶，回到住處時已是深夜十二時許，整個兒被折騰成爛泥也似的歪倒在牀隨即睡死了過去。是以在那十天的密集訓練課程中，我不知還有個我的存在。

　　正課內容從回返人的自然本性開始；而後學習尋找人體內的七大主要能量中心（The Seven Chakras）—— 它們是肉眼難以識別的內在物，須從另一層面去了解，或說它是屬於 "形而上學" 的東西。

　　"Chakra" 依梵文的意思是 "輪"（Wheel），一團類似 "輪" 的旋轉能量。有者將它釋為 "神經叢"。它們分別位於脊柱兩旁從頭到尾薦骨之間；而位於尾薦骨這個地方則被稱為第一能量中心，依序而上直達頭頂端是為第七能量中心。據說它的橫切面觀就像是個輪子，且有四個不同方向的 "出口"。根據大師所言，一般常人的 Chakras 都是處於不活動（Inactive）的狀態，最多只有最下方的兩個能量中心有被啓動過的跡象罷了。所以說這七個能量中心是需要受到特別的啓發才能發揮其效用的。而每一個能量中心都有着它自己的特殊功能和所屬的管轄領域，直接影響著人體的健康、智能和意識狀態。

阿南達除了教導我們如何辨認這七個能量中心的所在位置；還爲我們講解圍繞在人身以外的其他幾個身（氛圍）。原來人除了肉眼看得見的 "肉身"（Physical Body）之外，還具其他的另六個身，它們都是屬於一重又一重的看不見的 "氛圍"（Aura）圍繞在肉身體之外，而比較貼近肉身的是屬於第二和第三身。

以上所介紹的都是本課程一些最基本的東西。緊接著就是進入正式的治療學習過程了。整個療程就只針對肉身（Physical Body）、第二身（Etheric Body）、和第三身（Astral Body）。

治療過程共分數個步驟如下： ——

（一）靜心（Meditation）：這是作治療前的一個 "準備"。先作一段靜心，在靜心過程中達成與 client（被治療者）作同步呼吸並相互融合爲一。

（二）作「身體放鬆」（Relaxing the Body）：靜心過後即開始爲 client 作整體的放鬆。

（三）爲第三身（Astral Body）的所有七個能量中心作治療。正式的治療始於第三身 —— 從第一能量中心開始，順序而上直到第七能量中心。

（四）爲第二身（Etheric Body）的七個能量中心作治療。

　　（五）為肉身體（Physical Body）的七個能量中心作治療。

　　（六）結束療程：治療師在整個過程完畢之後先為自己作"淨身"（Cleansing the body），然後再輕輕喚醒尚處於深沉內在狀態中的患者。

　　而在作治療的過程中，治療師可憑自身的自發性"感應"邊作邊發出各種不同的聲音；它可以是尖叫，也可以是呼喝，也可以是自創式的"咒語"。在這裡他十足就是個所謂的「巫師」了。

　　除此，在學習作治療前的「能量培訓工作」以及在作治療時和治療後所必須注意的一些事項等等，在此不便一一說明，還望讀者多多見諒。（本課程立有學規，不得對外公開一切細節。）

　　除了順利完成所學，我們所有學員還有一個"一對一"的治療實習機會，充分的利用所學，盡情發揮。畢業時，每人手中還多了一張屬於「Shamanic Energy Work Training 1」（訓練課程 1）的文憑。似乎可以去當個江湖小巫師了，個個眉開眼笑。

　　只不過個人比較感興趣的還是在課業結束時自己從那一大堆繪有動物圖片的"卡"堆裡抽取到一張上面繪有小熊頭（Bear）的卡片，那是阿南達送給每一個學員的一個小小紀念物。而每一種動物則象徵了某種意義。

　　我故作熊爬行至阿南達跟前，向她行叩頭禮，然後

憑抽到的 "卡片" 從她手中換取一張上面印刷有 "小熊頭" 圖案並署明它的特殊含義的紙張。

阿南達對我此舉頗感意外，卻引來哄堂的喝采。

我仔細的觀賞了那張黑白畫面的小熊圖；小熊兩只目珠定定的朝我注視着，似是想告訴我什麼……。再仔細的瞧，它卻又像老僧入定……。

至於圖的下方則有阿南達親筆寫的兩個大字：Self Observation（自我省察）。

當下我心即明：這大概即是適於我去追隨的一條靜修路線吧！

儘管我無啥大志去當一名治療師，但大師對於有關治療師的工作及其運作過程，還有作為一名治療師所扮演的角色卻有其深入的洞見和註解。以下乃摘譯自他於「Beloved Of My Heart」一書中某章節裡的片段與您共享：

「有關治療是一個最為精緻和微妙的單元。它底微妙在於治療師本身的不直接參與。原因出自治療師本身的無為，而治療作用卻透過他而發生。這意味著治療師只須讓他的 "自我" 消失（To be Selfless），將自身化作零或空（Emptiness），而由整體（The Whole）或稱之為神的（God or The Devine）進入他，佔有他，通過他而運作。換句話說治療師本身只是個 "工具"，真正的治療者則是整體或神。

治療（Healing）與整體（whole）皆來自同一字

根。整體（Whole）、健康（Health）、治療（Healing）、神聖（Holy），全都來自同一根源。被治癒（To be healed）意味著回歸整體（To be joined with the Whole）。

對於一個患病者來說意味著他與整體失去某種聯繫。他與整體之間有了障礙，有某種東西無法銜接上。而治療師的功能則是幫他與整體再度取得聯繫；只不過治療師本身在此並無所作為，他只是個工具讓神或整體透過他來運作。

任何人都可成為一名治療師，只須他將自己化為虛空，與整體合而為一，如是而已。治療本身就好似呼吸一樣的自然。治療者通過與整體一致的良好關係，將自身化作媒介物，從整體中汲取能源，再將它傳送給與整體失去聯繫的"病體"。當此能源被銜接上，再次在病體中流動時，病者即刻得到治療。是以治療師在整個治療過程中就只扮演著中間體（媒介）的角色。

再者，若是治療師本身是個穎悟之人，他必然會了解到在整個治療過程中 —— 他本身、病患、以及整體（或稱之為神）之間所存在著的微妙關係，以及他自己所該扮演的角色。如是，治療師不僅可幫患者得到治癒，且讓他領悟到"治療"本身的源頭來自何處。至此，病患本身除了可被治癒，對未來的疾病亦能有所防範。

而整個「治療」工作至此堪稱完美。它可說是一個祈禱；一個由神、愛，與整體結合的完美經驗。」

二度告別普那

又是打道回府的時刻。

我依依不捨的同恩師阿南達告別，並希望來年有機會再繼續參加她所主辦的「Shamanic Energy Work Training 2」（訓練課程 2）。阿南達則希望我返鄉之後能有所作為，發揮所學。我唯唯諾諾，腦海裡充徹著的盡是小熊那副老僧入定的樣子……。

我也向我的房東桑吉塔告別，並謝謝她這些日來的照顧 ── 把自己的主人房讓出來讓我暫住。

臨行前，我們相互擁抱，我在她底耳邊喃喃道：你知道麼，大師他真的無所不在呵！我走了之後，你可要好好的利用這間主人房來靜坐喔！（我沒向她提及主人房內大師那張光著腳板的巨照的事。）

桑吉塔怔怔的看著我，頻頻的點頭，不知她是否聽懂我在說些什麼。

多日裡普那的天空是一片出奇的藍，不帶一絲雲彩。

我想起了大師所說的：Dhyan 意味著非常單獨，沒有東西讓你去冥想，沒有客體，只有主體性存在 ── 一個沒有雲的意識，一個純粹的天空。

而這就是多日裡普那的天空。

第 五 篇
印度普那（puna）行
── 靈修之旅（三）

過站孟買

　　西元 2005 年的二月十四日，我所乘搭的星航班機於早上七時三十分左右從新加坡起飛，於孟買當地時間約莫上午十時許降落在孟買國際機場。

　　拖著笨重的行李步出機場出口處，我兩只眼即刻往柵欄外排列著等候接機的人群中搜尋……很快的便認出 Vijay 德士服務公司所派出的一名叫「阿比」的德士司機，正高舉著一面上邊有我名字的牌子等候在那裡。他一看到我與他招手，便快步的迎上前來從我手中接過那口笨重的行李箱，我這才大大的鬆了一口氣！

　　來了數趟孟買，我對她依然感到陌生，就像我對普那那樣（我只知有奧修的社區）。每回我總是逃難也似的登上德士（Taxi）匆匆離去，一刻也不想逗留。我想它給我的唯一印象該是它的「污烟髒氣」吧，烟霧之大，伸手不見五指（可與霧都倫敦市媲美，然此烟霧非彼烟霧，惜哉！），足以令人窒息。孟買的 "烟霧" 我想該是舉世聞名的。相對之下，反倒是普那的那一片沒有雲的意識，一片純粹的藍空格外的令人響往。

　　二月份在孟買一帶天氣已漸趨悶熱，沒有了冬季的涼爽，再加上空氣的污濁，我迅速的跨上德士的後座，隨即從背包裡掏出一個早已準備好的口罩戴上，將鼻子和口腔緊緊的罩住，這才放心的喘了口大氣！

　　阿比開著他那輛龐大的機車左拐右彎的走了約莫有半個小時才離開熙熙攘攘的孟買，上了高速大道直往普那的方向奔馳而去。

　　阿比中途停下稍息並用餐。我則急著上廁所。而後回到車上從背包裡拿出晨間於飛機上空姐好心為我準備（打包）好的兩個牛角形起士面包，和著僅有的一瓶礦泉水啃食著，充份的體驗了「在家千日好，出外半日難」的旅人滋味。

依干達

—— 我的德籍房東

　　阿比的車子終於午後時分抵達普那市郊，彷彿又見故人，我心漾起一股莫名的興奮。

　　阿比把我送到依干達那裡，一個臨時的住處。由於桑吉塔那兒沒有適合的房間讓我住宿，她老爸已於年前我離開普那時搬進去與她同住了（她老爸就住進那間我住過的大房）。而依干達的住宿則是我臨時拜託台北的麥娜幫忙找的。

　　依干達同我恩師阿南達一樣，也屬德籍。她體型龐大，令我想起了初中時候我們的一位英語老師，同時也是班主任，綽號叫做 "航空母艦" 的。這依干達長得就跟她一個模樣！

　　依干達過後告訴我她年紀尚輕時就不顧父母的反對老遠的從家鄉跑來這裡邊作事邊進修，一住就是多年，再也不想回去。她說她好喜歡印度，尤其是普那。她也結交了一個印藉男友，與她共同經營公寓出租，日子過得很是不錯。她底男友就叫阿畢沙，個子長得瘦瘦高高，與她站在一塊，天造地設似乎派用不上，這或許就是情人眼裡出西施，天生姻緣注定吧！

　　依干達要我猜猜她今年有幾多歲，我很驚訝西方人見面時也會來這一套。我坦白的告以我不善猜測，也不喜猜測。尤其是猜女人的芳齡；說她年輕幾歲嗎又恐她不樂：「嘿，我像是那麼不成熟咩？」說她比實際年齡還要大時，她更不歡喜了：「我看起來有那麼老咩？」最終她只好說出她今年已芳齡四個九。我差點把剛嚥下的一口水噴出來，原來我瞧她比實際年紀多出十歲哩！這就是西方人與東方人的不同之處：西方人成長的快，也衰老的快！

　　我終於住進了依干達所提供的這間臨時住處。由於它距離社區（奧修靜心營）較遠，也比較老舊，且沒那麼方便，是以租金相對地就便宜了一些。不過我在這兒也僅待了十三個晚上（天），過後她就讓我遷往另一處離社區較近，也較為新的公寓。我在這個〝新家〞總共留宿了三十天整整一個月的時間。

　　在新的住處我照樣住大房並附有洗澡間。這原本也是依干達的主人房，由於是在出租旺季，她同男友阿畢沙搬到友人家暫住，把整幢公寓三個房統統都租出去。她自己則常回來利用那寬敞的廚房煮食和洗衣服。

婀娜多姿俏女傭

　　依干達雇有一名女傭日日來幫她做打掃以及洗衣等雜務。我們所有房客的衣服都讓她洗滌，費用全包在租金裡頭。那名女傭我們都呼她作「阿雅」。「阿雅」是印度當地人對女傭的稱呼。

　　依干達家的阿雅樣子長得頗為纖巧標緻，很有印度女人的韻味。她每日穿著色彩鮮麗的沙厘來"上班"。瞧她作事時身披一縷長長的薄紗巾（掛在臂膀上），另加一襲拖地長裙，也真難為了她。那似我們家鄉的幫傭那麼干爽利落，短袖丁恤再加一條四分三的不長不短褲。頭髮則草草的梳向腦後簡單的挽了一個髻或紮個小馬尾。不施脂粉的蠟黃臉，看上去了無生氣。這個阿雅可就不同了，她每日都把她那頭烏黑油亮的長髮梳成一根粗辮子掛在腦後，同時在髮上夾了個亮麗的髮飾。面上則塗抹了一層薄薄的香粉，額頭中央還點了顆朱紅印記，格外的迷人。

我的心靈故鄉
── 奧修社區

　　話說回來。在剛抵普那的那一日，時間已是午後二時許。由於社區辦理註冊登記處是在午後三點半關閉，是以當我一住進依干達的公寓，便第一時間打開行李箱，找出一條紅袍子換上，拎了背包，衝出寓所到街口處攔了一輛嘟嘟車，告訴司機：「Osho Commune，main gate!」也顧不得跟他討價還價了。司機會意的搖了搖頭（印度人慣有的動作），一語不發的即刻啓動機車嘟嘟嘟的便往社區的方向飛奔而去。

　　當嘟嘟車拐進那條我所熟悉的林蔭小道時，我告訴自己：啊，我又回到家了，我心靈的故鄉！

　　我令司機在靠近那面有著流水涼涼的矮牆邊停下。這司機還算老實，僅收我十五魯比（印度幣）的車錢。

　　我跳下車子，便急匆匆的趕往社區閘門外的「迎接中心」（Welcome Centre）辦理手續去了。所幸午後的人潮不再擁擠，我很快的就辦妥了登記手續。看看還有剩餘的時間，我又趕緊持了臨時通行證進入社區繼續辦理其他未辦的事務 ── 我去了社區的銀行，又去排隊購買社區通用固本。

　　我隨意的在久違了的社區裡蹓躂了一會。經過「大佛堂」（Osho Auditorium）時，正好遇上 "紅潮"，有大群身著紅袍的男男女女正從那金字塔式的大佛堂裡湧出，由著建築物兩旁的扶梯魚貫而下。看看腕錶，已是午後五時許，正是人們作完亢達里尼動態靜心（Kundalini Meditation）的時刻。為了避開購買食物的人潮，我趕緊跑到與大佛堂緊鄰的飯堂裡隨意的挑了幾樣食物帶回住所作晚餐。

我與阿南達有個約定

隔日。也即是二月十五日。

我起了個大早，打算徒步去社區。

迎著晨風，我一路沿著車道兩旁那凹凸不平的碎石紅泥小徑顛頗著前進。來往車子川行不斷，揚起塵土陣陣，沙塵飛撲滿面。我忙不迭的撩起頸巾遮掩整半張臉，只剩下兩只眼直視前方的路面。這時的我倒真有點像伊斯蘭教的女郎了。

我邊走著，邊想著恩師阿南達在我未來之前給我回過一封短郵：我今年會繼續開辦 Shamanic 能量工作訓練課程（2），你若有興趣的話，可到我這兒來作志願幫手（Helper），邊工作邊學習，這樣既可免交學費又可學到東西。你看如何？

而我今日正為此而來。我正準備赴阿南達的約。她於二月十五至十七日的早上在多元大學廣場將有為期三天的「面試會談」（Info-Talk），同那些對這項課程有興趣的人見面會談，看看他們是否合適參與此課程。

多元大學廣場（Multiversity Plaza）是個擁有多功能用途的場所。它除了是各團體課導師舉行 Info-talk 的地方，也是個案導師與學生 "約會" 的場所。此外，社區的行政事務處也設在這裡。還有，它也是多元大學的報名登記和繳費處。其他時間則用來舉辦各類型的活動。

阿南達說她大約早上十一時左右會出現在廣場。所以十一時未到，我就坐在那裡守候。恰好遇見年前一起在阿南達班上上過課的一名來自中東國家的年輕小伙子名叫洛希的，沒想到他也是專程來參加阿南達的課，我們於是邊聊邊等候。

眼看時間一分一秒的過去，我焦慮的看著腕錶，都已經十一時三十分了，怎麼還不見阿南達？她不可能遲到那麼久的，也不可能爽約……我們開始感到不安。看看週遭，其他的導師都已陸陸續續來到廣場，正各自與參與生展開會談。或許是阿南達臨時有事走不開吧，我這般的猜測著。不，不對，會否是她生病了？我又作最壞的臆測。不，不會的，不會那麼巧的，最終我又這麼安慰自己。

唉，還是耐心一點吧，我告訴自己。千萬別讓阿南達知道我是那麼的沒耐性。

眼看廣場裡的大壁鐘兩根時針都已相疊在一塊，好些導師也已相繼離去。只有阿南達的位子依然是空蕩蕩的，顯得有些兒寂寞。

我開始焦躁不安起來，卻又不知如何是好。就在這個時候，阿南達突地出現了。帶著一臉的疲憊，她一迭

聲的說 "對不起" ，並示意我和洛希都坐下，說是有要
事要宣佈。（其他的人都已等不及走光了。）

　　有要事宣佈？好像不妙呵！

　　「是這樣的，」她頓了一下，看著我和洛希，一臉
的凝重，「最近我去看過我的醫生，他說我的肝臟好像
有點問題，要我立刻停止工作，靜心休養一段時間……
盡量避免能量消耗過度，否則後果堪憂。所以，為了這
個身體，我只好聽從他的話。今年的課只好暫時取消
了，真是對不起……。」

　　聽她這麼一說，我整個兒傻掉了，一時說不出話
來。

　　「怎麼啦，遜雅，妳怎麼不說話？」阿南達詫異的
看著我，似乎在等我發話。（遜雅是我的門徒名字。）

　　「哦！」我一下子回過神來，「我……覺得醫生說
得沒錯，您是應該好好休息的，照顧身體要緊……。」
我有點口是心非。其實，我真正擔憂的是阿南達的課沒
辦法上了，那我接下來該做些什麼？我不遠千里而來，
到底為了什麼……？

　　「其實妳也不必太擔心，我的課上不成，還是可以
選擇其他人的課……，」阿南達似是看穿我的心思，
「妳可以去選她的課，」她邊說邊用手指了指坐在斜向
不遠處一個年齡看上去與她相仿，約莫四十開外的女導
師。她尚未離去，還在與面試的學生侃侃而談。「她叫
蘇甘多。她開的課很適合妳去參加，要不我去幫妳跟她

說一聲，讓妳去上她的課。」她說罷，也不待我回應，便要我隨她去見蘇甘多。

就這樣，我與蘇甘多結上了緣。她是繼阿南達之後我有幸遇上的另一位恩師。

也許這是天意吧，又或許是大師冥冥中的安排 ── 讓我暫時離開阿南達，去跟隨另一位導師，從她那兒取獲那把啓開內在神聖之門的鎖匙！

見了蘇甘多，我這才明白爲啥阿南達要我去選她的課。原來蘇甘多所開的課大都跟人體的「七個能量中心」有關；而阿南達的課程也正與這七個能量中心有著密切的關係。

世事茫茫難自料……。有很多時候，在人生道上，吾人往往會遇上一些出乎意料之外的轉折點 ── 有者不幸鑽入死胡同，走不出去；有者則逢貴人相助，柳暗花明又一村！尤以在求道路上，更是埋伏重重，危機處處。人說蜀道難，難於上青天。我想求道難，豈止難於上青天！一個真正的求道者是沒有回頭路可走的，唯有持著一顆堅定如鐵的心勇往直前了！

告別了阿南達，我和洛希信步走到廣場外一處陰涼的地方坐下。真想不到他與我同病相憐，老遠迢迢的來到普那，期待著上阿南達的課，不想卻撲了個空！老天爺也真會捉弄人哪！

所幸我有阿南達相助，及時爲我找到一條出路，知道接下來該做什麼。可是……，不知洛希他接下去可有什麼打算？

　　「唉，真沒料到事情會變成這樣……，」我望著洛希，「那你接著有何打算，有沒想過要去參加其他的課什麼的……？」我很清楚洛希一直都很盼望能跟隨阿南達。

　　「暫時還沒什麼目標，只有走一步看一步了。我想我會先休閒幾天看看再說。」洛希有些兒無奈。

　　「那你自己保重了。後會有期！」我知道自己一旦上路了，就會朝著某個方向直行，我們就此分道揚鑣，再也難有見面的機會。

　　「我們會再見的，不是嗎？」洛希伸出一只手同我握別。

　　「是的。」我黯然。

蘇甘多和她的煉金術

蘇甘多所開的課很特別，名爲「煉金術」（Alchemy）。

第一回接觸到它時，我感到很好奇，到底它與一般的「煉金術」有何不同？

相傳古早的「煉金術」是煉金術士（Alchemist）所研發出的一種非常特殊的製作過程，將鉛轉化爲金。相應的一些瑜珈行者以及神秘學家也創造出類似的特別技巧以提升個人在修行上的境界。他們從深入內在的"無形"物著手，而這正是人體內潛在的「能量中心」（Chakras）。這「能量中心」就好比是一道橋樑，它介於宇宙與各個不同層次的精緻身體（Subtle Bodies）之間，包括了肉身、第二身、第三身以及靈魂等等。當這些能量中心受到正確的啓發時，吾人便可與宇宙能量產生共振。而許多原本還在休止狀態中的內在精緻層次體也因此受到了激發，就這樣一個煉金術式的程式被創造出來了，它帶動了個體內在的轉化（Transformation）以及意識形態的擴展（Expansion of the Consciousness）。像這樣的一種屬於"內在"的銳變過程，或者應該說它是一種「內在煉金術」吧！

　　之前提過，我與蘇甘多結緣，全憑阿南達的牽引，大師冥冥中的安排。

　　蘇甘多同阿南達一樣，也是來自德國。我想與她們差不多同一個時期來到普那奧修多元大學作進修並追隨大師的德籍人爲數不少，他們彼此相互影響著，也都選擇了有關身體能量工作（Body Energy Work）作爲進修跟培訓，之後致力於這方面的工作。

　　蘇甘多早年在大學裡主修教育、心理、和社會等學科。其後於八十年代到印度普那奧修多元大學作進修；選擇了靜心訓練、Neo-Reichian 呼吸工作訓練、生化能、奧秘科學訓練、催眠術訓練、以及解除幼兒時代受制約的訓練（Childhood Deconditioning Training）等作爲進修學科。過後回國工作一段時間。1995 年開始在世界各地包括了德國、丹麥、希臘、蘇聯、以色列和印度等國家領導各類型的身體工作坊；諸如 From Fear to Love，Melting into Love and Aloneness，Childhood Conditionings，Transforming Power，From the Head to the Heart，Dropping Beliefs 等等。它們都是與 Chakra-Alchemy（能量中心煉金術）有關。

　　至於什麼是 Chakra-Alchemy？

　　在這裡蘇甘多爲我們提供了一些相當完整的答案。我僅摘錄以下的一些片段與您分享：

　　「所謂 Chakra-Alchemy（能量中心煉金術）是着力於將人體內在的負面能量（或情感），一些舊有的行爲模式，與人相對的策略，和信念等轉化成一種自然的、健康的正向生命。在這裡 "轉化"（Transformation）意味着在過程當中能量改變它的舊有形式。而這舊有形式並未被取代，它只是需要附加的能量來促成這個催化過程。而靜心（Meditation）就提供了這方面的需要（它促成催化效用）。當一個人將他所有的能量完全指向內在時（在沒有將能量消耗在外在的情況之下），這個不斷累積的能量就自然而然的對他內在的能量起着一種催化的作用。是以把這個過程名為 "轉化" 意味着這個新的能量形式是帶著一種更高層次、健康和良好的品質。」

　　（註：蘇甘多所主導的「能量中心煉金術」工作坊共有五種。它們是針對人體內在的首五個能量中心而設計的；包括了第一能量中心、第二能量中心、第三能量中心、第四能量中心、和第五能量中心。）

　　「所有這些煉金術的設計是用來幫助人們去體驗他自己內在每一個能量中心的能量狀況。它很明顯的就可偵測出一個人所携帶的能量是壓抑的或是緊縮的，這樣即可根據那個狀況開始作一個治療和轉化的過程。

　　能量中心煉金術的設計基本上是把人當成一個整體的概念，將他看作是一支具有多種潛能的管弦樂隊，而他已具備了所有需要激發這些潛能的內在資源。

　　這個煉金術的過程主要利用了溝通技巧、NLP（神經語言學行為模式程序）、呼吸、生化能、和能量工作等等以接近並取獲這些內在資源，將之整合到現實生活中來。」

在蘇甘多之前，我跟阿南達學習 Shamanic Energy Work，開始接觸到 Chakra 這個陌生的名詞。當時只覺得它是個很抽象很玄奧的東西，根本無法去體會它的存在。之後經過一段很艱辛很努力的培訓過程，慢慢地感覺到好像有那麼回事了，體內彷彿有某種物被激起了，在發動了⋯⋯但卻也說不上來到底是什麼在動？只覺得自己對週遭的某些事物忽地有了某種感應，就像是觸了電似的⋯⋯。

就從在阿南達的課室裡角落頭所擺放著的一幅大師的巨大人頭照開始說起吧！每當課餘時間我無事坐在那裡對着大師的巨照發呆時，這時大師也似乎注意到我了⋯⋯我於是伸出一只手朝他揮着，我真的很想知道大師是否就在那裡，只因他說過：「永遠不要用過去式來談到我⋯⋯」（大師已於 1990 年圓寂）。不想我伸出的手竟微微的顫動起來⋯⋯這就是我與巨照中大師之間的一個貼心經驗 ── 在氣場的層面上作交流，沒有任何多餘的現實場面或話語。

其實埋伏在我體內的這個會動之 "物"，可以追朔到 2004 年當我參加了「神秘玫瑰」這項課程之後，它就出現在那裡了。當時我無意中發覺自己竟可從書本裡大師的圖照中去感覺他的「在」；另外在桑吉塔家主人房裡牆上掛著的大師的照片，我同樣的也可感受到他的

「在」……。那是一種很微妙的能量相互感應，或說它是一種磁場感應吧！它讓我既驚且喜。我終能以另一類不爲人所知的方式去與大師作交流。

除此，每當我走在社區裡植滿花木的園林小徑時，總會情不自禁的以手心去碰觸那些盛開著的花朵，去感受它們身上所散發出的那股活生生的生命力！而當我抬首仰望高掛在大樹上的那一大片綠葉時，我又禁不住的高舉雙手向它們揮動示意，誰說草木無情？它們也都向我回應了！過後，我又激動的以雙手去環抱老樹，輕輕的以手觸摸它那已呈龜裂的老幹皮，當下真的很想哭 ── 我終於能伸出手去觸探那無情世界裡的一個小小角了。

啊，這種感覺真好！

所以，當我決定去參加蘇甘多的課時，Chakra 這個名詞對我來說已不再陌生。這都得感謝阿南達她已爲我舖好了前路，就看我如何去走後面的那一段了。

是年，也即是二月至三月份的這段期間，蘇甘多總共開辦了三個能量中心煉金術（即第二、第三和第四能量中心）的課程。我都先後的報名參加了。茲將這些課程逐一介紹如下： ──

第二能量中心煉金術

（Alchemy of the 2nd Chakra）

　　這是一個為期五天的團體課程（西元二〇〇五年二月二十一日至二十五日）。

　　首先簡單的介紹一下有關「第二能量中心」（The 2nd Chakra）和「第二身」（Etheric Body）。

　　「第二能量中心」（The 2nd Chakra）位於肚臍以下一至兩英寸左右。它屬「水」，呈現橘紅色彩。與「第二身」（或稱「第二能量身體」）相關聯。它由三個層面所組成。第一層，也是最外一層是屬於投射層（Layer of Projection）。第二層是情感的聚居地（House of Feeling）；它聚集了各類型的情感如憤怒、悲傷、恐懼、愛慾等等。而第三層，也是最內層乃屬核心（Inner Core）。

　　「第二身」（The 2nd Energy Body or Etheric Body）是一個能量場（Energy field）。它就好似一個充滿了氣或生命力的鞘套（Shield）緊密的依附著肉身體（The Physical Body），並與它共存亡。它職在充當為一個緩衝器，負責將來自高層次的能量，透過中樞神經系統、內分泌腺和血液循環轉送至肉身。此外，它也促進和協助肉身體以激發更高層次的靈感，與傳達心靈感應的訊息。它也和「第三身」（Astral Body）相互聯繫。

記得課程一開始，蘇甘多就讓我們先了解「第二身」的存在，並且去感受它的能量場。過後我們就練習先以一只手去感覺腹部（Belly）的震動；然後再以同一只手去感覺一張空白的畫紙，最後才將由腹部所感覺到的訊息呈現於該畫紙上。就此，一幅空前絕後，絕無僅有的＂畫作＂就這般產生了。

接著，再作與「第二能量中心」相互關聯的「腹部靜心」（Belly meditation）。它是一種依反時針方向來擺動腹部的靜心活動。採取坐姿進行。

「第二能量中心煉金術」最終達成溶解於愛與單獨之中（Melting into Love and Aloneness）。

至於「愛」是什麼？它是一個備受爭議的課題。

一般對「愛」的詮釋都是出自頭腦的想像；而更貼切一點的則是用心來表達。而今我們要學習的是如何將來自腹部的愛（Love from the Belly）呈現於畫紙之上，它是一種利用腹部的震動去感覺出來的。只有來自腹部深處的愛才是最原初最真實的愛。它象徵了無私、至樂、與永恆。那是天地的愛，佛的愛。

本課程分別採取了各種不同的身體作業（Body work）以達到清理能量中心各不同層面的障礙（如情

感的壓抑與糾結等等）。它包括了以上所提的腹部靜心（Belly meditation or Hara meditation），還有深呼吸訓練（Deep Breathing），拉提漢靜心（Latihan meditation），溝通技巧，以及個人的自我剖析等等。

深呼吸（Deep Breathing）在所有身體作業（Body work）中，特別是能量工作（Energy work），乃屬一不可或缺的重要環節。它除了幫助清理長期積壓在體內（內在）的諸多障礙，從而釋放出那被積壓的能量，讓它能通暢無阻的流動。它是一項利用了整個身體來作深呼吸的運動（很深沉的呼吸），採取臥姿進行。作此活動需要有組伴（partner）在一旁協助。兩人共一組，輪流作。

至於「拉提漢靜心」（Latihan meditation）則是幫助第二能量身體（第二身）得到完全的放鬆。此靜心採取站姿，屈膝，兩腳尖朝內。身體（四肢）隨著能量的流動而移動。

除此，課程也包括了清晨六時在大佛堂（Osho Auditotium）所舉行的動態靜心（Active meditation），傍晚時分的亢達里尼靜心（Kundalini meditation），以及晚間長達兩小時的兄弟白袍會等等。而在白袍會之後還得趕赴最後一堂晚課，下課時已近午夜十一時許。所以一整日幾乎都在作業中，沒多少時間可以歇息。因是有好些人都受不住了，特別是那些平日裡就晚起身的人，索性放棄晨間的動態靜心，一覺睡到天亮八時才起牀，然後才慢條斯里的走赴九點鐘的課。可惜人算不如天算，只見蘇甘多在課堂上板起一張比老包還要黑還要兇悍的臉：「你們當中到底有幾個沒去作動態靜心的？把手都舉起來！」

於是當中有幾只手很無奈的舉了起來。這時蘇甘多的臉色愈發的難看了：「你們要想上我的課，就得遵守課規，別想偷懶！你們別以為我不知道，我可是比你們個個都早到大佛堂，站在一個角落裡點數人頭，所以你們誰都別想瞞過我，嗯！？」說罷，氣兇兇的以兩只探照燈往人群裡掃射，叫人不寒而慄。「今天午課過後就罰你們全體在課堂裡作動態靜心，誰也不准溜！」

哇，這到底是哪門子規定呵？沒作要被罰，有作也一樣要被罰！我在心底裡暗叫：「老包呵，您在哪呀？冤枉呵！」

這時蘇甘多又再發話了：「你們應該知道作這個動態靜心對你們來說有多重要，你們需要靠它來引發自身的能量，這樣才有辦法上我這個課，否則就甭來了！」

經她這麼一說，我一下又想起了大師所言：不論你在做什麼，都要全然的一百巴仙的去做。一半做一半不做，是不會有結果的！

原本我對「動態靜心」猶有抗拒，老覺得做不好，也很累人。特別是剛開始那一段長達十分鐘的混亂且快速的呼吸，簡直讓入活不下去！過後就是中間那一段十分鐘的雙手高舉，以腳掌著地來跳動並喊出「護！護！

護！」的聲音，也一樣讓人受盡折磨！緊接著下來的十分鐘「突然停止不動」，完全保持當下的姿勢……更讓你想干脆棄戈而逃，跟它說聲拜拜了！

　　蘇甘多的一番話真是「一言驚醒夢中人」！從此我對「動態靜心」大大地改觀了。我開始對它認真起來，要求自己百分百的去做。一段時日下來，不僅混亂快速的呼吸難不倒我；即連雙手高舉，腳掌著地跳動喊出「護！護！護！」時，感覺自己的「護」聲衝破金字塔式的屋宇，直穿天際，再由天際傳來聲聲的回應。天哪！那種感覺真是美得讓人發呆！還有，突然的「靜止不動」，完全保持當下的姿勢，對我來說已不再是何等難事。就憑觀照，我置身度外。而後很驚訝的發覺自己的肢體居然在動了，並做出一些意想不到的動作，有點像在做「拉提漢靜心」那樣……。而至最後階段的十五分鐘歡樂的慶祝，整個兒完全沉浸在自發性的擺動當中……

　　結語：這是我第一回參與「煉金術」這樣的一個課程，覺得很特別、很新鮮、也很強烈。而「第二能量中心煉金術」所給予我最大的收穫應是它幫助個人清理內在多層情感的壓抑和障礙，讓受困的能量得以釋放。除此，它也讓我了解到什麼是「愛」。它並非來自外在的給予，而是發自個人內在的核心。只有源自內在深處的「愛」才是真實的愛；它不單能自給自足，還能與人分

享。是以當一個人內在的「愛」開花時，他既可享受
"單獨"（獨樂），同時亦可與他人分享那愛的芬芳
（達到共樂）。

第三能量中心煉金術
（Alchemy of the 3rd Chakra）

　　這是一個爲期六天的團體課程（西元二〇〇五年三月二日至七日）。

　　首先簡略的介紹有關「第三能量中心」（The 3rd Chakra）和「第三身」（Astral Body，或稱「第三能量體」（The 3rd Energy Body））。

　　「第三能量中心」（The 3rd Chakra）位於胃後方的太陽神經叢部位。所呈現的色彩爲黃色。與「第三身」（Astral Body）互爲關聯。它由三個層面所組成。第一層（最外一層）屬於投射層（Layer of Projection），第二層是情感的聚集地；還有權力、慾望、力量、自尊、獨裁或自我犧牲、自我與世界，以及無數的前世的整個藍圖。第三層是核心層（Core）。

　　「第三身」（Astral Body）是個精妙的非物質身。除了重量，它與「肉身」（Physical Body）有著相同的結構、大小、及外形。它可說是肉身體的一個副版本。它也會老化，老化的現象始於第三身。作爲第三身，它涵括了第二身、第三身以及高層次意識體。

　　本課程的所有設計都是針對這個能量中心（The 3rd Chakra）的第一和第二層面的慣有特性和障礙。目的在於去認知並了解它，而後從中得到轉化和解脫。

　　以下是我在這六天緊密的課程裡的一些實地記錄，願與大家分享。

　　三月二日晨

　　早課：作「Power Tricker」工作坊。

　　什麼是 "Power Trick"？

　　在這之前，我從未想過這個問題。經過蘇甘多的解釋，原來吾人於日常生活中所經常表現出的諸如：「要成為最好的」、「要作最完美的」、「要具競爭性的」、「要高人一等」、「成為優質的」……等等，都屬與第三能量中心有關的 "Power Trick"。它們都是吾人從小就被家長、學校、和社會所灌輸和培養起來的各種非自然價值觀。

　　蘇甘多要我們各自找出自己所經常使用的 "Power Trick"。然後開始作一項 "遊戲"（工作坊）。

　　我們集體在課堂上來回穿梭走動；分別對來往擦身而過的人大聲說出："I am the power tricker。" 或 "You are the power tricker。"。當說著這句話時，注意力必須集中在「第三能量中心」這個部位，感覺它就出自那裡。

　　作完工作坊。

　　休息十五分鐘。

　　接著蘇甘多要我們每人在一張紙上寫下所有自己所經常使用著的 "Power trick"。而後將它揉成一團，丟進一個早已在地面上圈畫好的大 "圓圈" 當中。跟著走入這圓圈，作出所有你能感應到的 "自發性" 動作；包括尖叫、笑鬧、痛哭、跳動，種種能令你盡情發洩出來的東西。

　　最後，各自躺倒在地面上並再次感覺「第三能量中心太陽神經叢」這個部位。

　　整個過程至此告一段落。

　　（註：作此「工作坊」目的在於解除自孩提時代所遭受到的一些制約，讓一向緊繃的生命從中得到舒解，從而讓受壓制的能量得到釋放。）

　　三月二日下午

　　午後再度回到課室。

　　作各種劇烈的體能運動；即如來回不停的奔跑跳動，讓身體就此脫離頭腦的控制，自由的發揮其所能。這就是所謂的挑戰極限，完全擺脫頭腦的掌控。

　　沒有了頭腦，什麼都變得可能。

　　作完運動，臥倒在地有如死去。此時頭腦一片空白。

　　接著再進行另一項截然不同的活動。此番是 "不動態"，如下所述 ──

　　雙腳屈膝而立。雙手舉起平放在頭頂上（以不觸及到頭為準），維持此姿勢十五分鐘。

　　然而，十分鐘還不到，每個人開始在那掙扎、搖晃，且四肢發軟，眼看就要倒下了。這時蘇甘多和助導就會走上前來勸止並要大家繼續堅持到最後一分鐘！

　　好不容易才熬過那漫長的十五分鐘，大伙兒都軟巴巴的倒地不起了。

　　以上兩種活動都是在挑戰極限，超越頭腦，不爲頭腦所控；讓身體潛在的能量得以充份發揮其所能。

　　三月二日晚

　　這是一個非常特別的晚間集會。

　　課堂上來了一位"不速之客"。它是一尊約莫有一人高的水晶，瑩亮剔透，充滿靈氣，在室內微弱的燈照底下閃閃發光，把我們都看呆了。

　　原來蘇甘多將它請來是爲了讓我們每人在它面前輪流發下誓言。

　　第一誓言：「在這六天裡，我將自己委身給這個團體，一切配合團體所需。」

　　第二誓言：「我誓將從所有的障礙中解脫，並讓能量在我全身通暢無阻的流動。」

　　由是可知，這個課程是何等的莊嚴，又是何等的慎重了！

　　三月三日晨

　　早課：作「優質的」（Superior）和「劣質的」（Inferior）工作坊。

　　我們分三人一小組。每人輪流在小組面前大聲說

出：「我是優質的！」或者「我是劣質的！」。說時將
注意力集中在「第三能量中心」這個部位。

　　一整個早上，我們都在輪流做此工作坊。

　　當課程結束時，大家都在「我優你劣」以及「你優
我劣」聲中不支倒地，累不成形。

　　三月三日下午

　　午課。我們換成二人一小組。

　　作另一工作坊：兩人輪流扮演「Tyrant」（專制暴
君）與「Victim」（犧牲品）的角色。

　　在這個實驗中；扮演 "Tyrant" 的一方會想盡辦法
使用各種手段以達到支使對方（victim）為目的；而作
為 "Victim" 的一方則努力設法保護自己免遭支使。

　　這可說是一場二人費盡心思的 "拉鋸戰"。

　　最終兩人都落得以 "疲憊不堪" 來收場，得不償
失！

　　三月三日晚

　　晚課：蘇甘多為我們安排了一場電影。那是在參加
「兄弟白袍會」之後。

　　我們在課室裡觀賞電影錄像帶。那是一部跟
"Tyrant" 與 "Victim" 有關的影片。

　　聽取蘇甘多的話，我很努力的把注意力集中在「第
三能量中心」來觀賞這部戲。

　　看罷。心裡真是異常地糾結。

　　三月四日晨

　　這天早課所作的工作坊包括了：（1）「這是我的錯。」（2）「這是你的錯。」和（3）「對不起。」這三句話語。

　　以上「三句話」是吾人於日常生活中與人交鋒時所慣用的“術語”，而且幾乎是脫口而出，不假思索。原來這三句具負面性能量的話語早已根深蒂固，自幼就被根植於吾人腦海中，不知不覺的已成爲吾人生活中的一部份了。

　　現在，我們就集體來作一個實驗。大家試著一起在課堂上來往川行走動，每人輪流以這三句“話語”向擦肩而過的團員大聲的說出來。說時將注意力集中在「第三能量中心」。

　　作完以上實驗。再作第三能量中心深呼吸運動。

　　作罷呼吸運動。靠牆邊坐下。以一只手置於第三能量中心的部位（在胃部肚臍之上）；另一只手則輕按第三眼（在兩眉之間），然後設想在頭部之正中央，自第三眼往下觀察第三能量中心所在的位置。這時，你是否看到了什麼？比如說這個能量中心（The 3rd Chakra）所呈現出的顏色。

　　接著，再將那些經常困擾著你的“記憶”（memories）帶出表層，以“第三眼”仔細觀察並透視它，從而發現這些“記憶”原都只是些儲存在腦海裡的陳舊事物，它們已不復存在於此時此刻。

　　最後，躺臥在地，將這些過往的陳舊事物統統空掉。

三月四日下午

午課。

蘇甘多教我們每人以一塊布條蒙住雙目，然後躺下。接著依照她的指示（利用催眠術）進入另一時間墜道，回到前世（past lives）。

當下自覺整個軀體飄浮在一片"空曠"中，沒有了感覺，也沒有了思想，也沒有了任何的記憶。但覺"神智"清晰，似是一面鏡子在照着。

之後。再度被喚回到"現在"，回到原來的空間，我們身處的這個教室。

此時，大家各自躺在一大張早已被勾勒好顯示出"第三身"（Astral Body）圖樣的白色紙上。（作法是先讓自身躺在一張白色紙上，之後讓人依照你的體形用墨筆勾勒出屬於你的第三身圖樣。）然後作"太陽神經叢"（第三能量中心）部位深呼吸 ── 那是一種很強勁的呼吸。這時，許許多多埋藏於潛意識深處的東西終於先後湧現，似是潮水洶洶，反應異常劇烈。

作完第三能量中心深呼吸。起身。在這"第三身"的圖樣上用顏色筆依照個人的"能量感應"在所能感應到的部位塗抹上色，以顯示出該部位所攜帶著的任何過往的包袱（burden）；包括了創傷、痛苦、以及悲傷等等。（據知第三身攜帶了許許多多世的整個記憶藍圖。）

（附註：依據我個人的經驗，以彩筆在圖面上色全憑一種"自發性"的能量感應 ── 它選擇在不同的部位以不同的顏色來表達，以顯示出該處所隱含著的一些不為人所知的過往記事。）

三月四日（晚課）

繼續午課時分尚未完成的作業。

我們每人各自站立在自己那已完成的第三身（Astral Body）"彩圖"作業上，注視著它並去感覺它到底欲表達些什麼？（以第三能量中心去感覺。）

當我在注視著它的當兒，只感覺到腦海裡一片茫然，根本無法推斷出什麼；可一面又感到萬分的驚訝 ── 居然有那麼多被"壓抑"的東西湧現在圖面上！

我就站在"彩圖"上，一再的去感覺……最終覺察出這個屬於我的"第三身" ── 它需要愛、關懷、和了解；它需要支持。與此同時，我忽覺有股強烈的能量流動（氣流）由身體底部直灌而上頭頂端……

跟著，蘇甘多又教導我們作第三能量中心深呼吸，給予第三身作能量上的治療（Energy healing）。

之後。每個人在屬於自己的"第三身"彩圖上先選定一個"目標"（就好比說在胸腔部），然後走入此"目標"開始作任何你想要做的治療。（當下自覺此步驟就有點像是我所作過的 Shamanic Energy Work Healing 那樣；我就是那個"Healer"（治療師），透過自然力（或神力）來為自身作治療。）

"彩圖"上"創傷"處處,我逐一的為它療傷。感覺上我已脫離了我身處的這個現實空間,在另一層次的空間裡和自己的"第三身"作接觸。這是個很離奇的經驗!

作完治療。蘇甘多要我們各自把自己的"彩圖"作業撕成碎片,將它丟進垃圾桶中,然後與它道別。

緊接著大家齊聲高呼"Freedom"!(自由!),並陷入一片狂歡中……。

我見到有好些人都把衣服給脫了,在那裸舞,在那裸奔,肆無忌憚;彷彿脫了韁的馬兒,又好似脫困的籠中鳥……。

而我此時只是個見證者,觀照著這一切的發生……。

三月五日

一整日的情緒失控……。

忽然的無法接受自己(對自身所攜帶著的這個"頭腦"感到深惡痛絕),也無法接受周遭的一切。不論蘇甘多在講堂上說些什麼或教我們作些什麼,我都無法跟進,也無法配合。

我知道蘇甘多對我這突如其來的"舉動"有些不滿,不過還好她並沒因此而把我給攆出門外。只向我說了句:你要為你自己所作負責!

要負責些什麼呢?我感到有些兒無奈,又有些許茫然。

很顯然的，我在這一堂課裡一無所獲。

也只有隨它去，靜觀其變了。

另一方面，我卻也覺察出自己的內部（內在）似是在起著某種變化⋯⋯

三月六日

早課：分享心得。

午課：二人一小組作工作坊如下：

我們每人各自為自己構想兩個 "正面" 的批判話語（positive judges）和兩個負面的批判話語（negative judges）。

然後仰臥在地面上作此實驗（兩人輪流作）。開始由組伴（partner）以一只手按在仰臥者的第三能量中心的位置，而另一只手則伸到其背部按在與第三能量中心相應的位置上。一切就緒之後，組伴即開始在仰臥者耳邊唸出他的兩個 "負面判語"；而仰臥者則一面作第三能量中心深呼吸予以配合，一邊觀察有何反應出現。

（註：我的兩個 "負面判語" 分別是：（1）那個人未作好他的工作。（2）那個女人看起來很兇狠。）

當我的 partner 在我底耳邊輪流反覆的唸出以上兩句 "負面話語" 時，我則一面作第三能量中心深呼吸。結果發現反應超常劇烈，我一再的情緒失控⋯⋯。（作此工作坊目的在於清理內在的一些負面東西。）

接著，再由 partner 以同樣的方式輪流唸出我的兩個 "正面判語" 來作同樣的實驗。

（註：我的兩個 "正面判語" 分別是：（1）你很友善。（2）你看起來是那麼的美好！）

結果卻有著純然不同的反應！最終引來我一陣 "爆笑" 聲，而且一發不可收拾，就彷彿被人點了 "笑穴" 般狂笑不止……。

很顯然的，那是一種來自 "內在" 的笑聲；它讓我感覺到了它的真和美。

三月七日

今天是最後一堂課。

早課：分享心得。

兩人一小組分享 "愛和最終開花" 的喜悅。

午課：全體歡慶課程的結束。

大家依依不捨的互道再見。

室內燈光全被熄滅了。

蘇甘多陪同大家一起靜坐（meditation），在一片漆黑中，張大著眼。

這是我頭一次嘗試張著眼在伸手不見五指的黑暗中靜坐。那種感覺是很不一樣的。

三月八日 ── 延續篇

午後兩點半。

蘇甘多約同大家在多元大學廣場會合，集體作交流並分享各自的經驗 ── 由啟發第三能量中心所帶來的種種 "震撼"。

「這將會是個持續性的 "爆發"（explosion），

同時也是一個緩慢的蛻變過程。它須靠你自己細細的去咀嚼，慢慢地去消化，持續的去探索跟發掘。」

蘇甘多對著大家語重心長的道出以上這一段話。

吾謹記在心。

第四能量中心煉金術
（Alchemy of the 4th Chakra）

這是一個爲期五天的團體課程（西元二〇〇五年三月十四日至十八日）。

「第四能量中心」又叫「心能量中心」（The Heart Chakra）。它位於胸部的正中央，与心臟處於同一水平線上。它所呈現的色彩爲粉紅色和綠色。粉紅代表了柔軟（也是力量）、慈悲和愛。綠色則代表安撫、療傷、智慧和喜樂。除此，它的本質也包括了了解、接受、和接納所有一切的憂傷。

「心能量中心」與「第四能量體」（The 4th Energy Body）或稱「精神身體」（Mental Body）互相關聯。由於它處於身體的正中央部位，因此起着一種平衡的作用；在上與第五、第六和第七能量中心相互聯繫，在下則與第一、第二和第三能量中心相互聯繫。在心能量中心以上的能量中心是屬精神方面的（spiritual）；在心能量中心以下的能量中心則屬物質方面的（material）。所以說它在精神與物質之間起著一種平衡的作用。

（附註：第一能量中心與第七能量中心相互關聯。第二能量中心與第六能量中心相互關聯。第三能量中心與第五能量中心相互關聯。所有的能量中心都在身體的正前方和正後方作"開口"（opening）。）

卻道西元二〇〇二年初當我首次造訪普那奧修靜心營時，就曾參與了一個名為「開啓心靈本質」（Opening to the Heart）的團體課程。課程內容與這「第四能量中心煉金術」頗為相似；而我也對該課程作了一個相當詳盡的介紹，是以在此就不再加以贅述。

在這裡我只想介紹我在這個課程當中所習得的一個相當特別的有關「心能量中心」的靜心（Meditation for Heart Chakra）。

本靜心有音樂伴隨進行。步驟如下：——

（1）吸入你所有的悲傷、憤怒、和苦難到你的心（心輪）部位，然後再將它們全呼出來。

（2）吸入你周遭所有人們的悲傷、憤怒和苦難到你的心（心輪）部位，之後再將它們全呼出來。

（3）吸入來自整體宇宙的苦難到你的心（心輪）部位，然後再將它全呼出來。

這可說是個很有意義的靜心。它讓我覺得在做了這個靜心之後，自己更能接納周圍的一切事物了。

除此，這個課程也傳授了一些特殊的"技巧"以化解吾人在日常生活中所經常遇到的一些困擾或難題。今將之訴諸如下：——

（１）試找出你在日常生活中所感受到的一些事物（如感覺或聲音等等），將它運用在心的"吸氣"和"呼氣"上，完全以心來表達。如用心去感覺、用心去聆聽等。

（２）在必要時，知道如何扭轉形式；將"頭腦"拋開，而以"心"來運作。

（３）在吾人日常生活中，經常會在身體的某個部位產生"僵硬"或"緊繃"的現象；這時只須用心（心輪部位）直接聯繫該部位然後深深吸氣（感覺到那負面的東西已完全被心所吸收），後再深深的吐出一口氣，將它完全呼出來。

行筆至此，吾對以上數個能量中心的「煉金術」介紹算是暫告一段落。

從來不曾想，也不敢想自己在靈修道上會有什麼長進；只知一旦上路了，就往前直行，一心一意，不作他想。

不懼走不到彼岸，只怕停滯不前。這也是我底座右銘。

想當初向蘇甘多學習"煉金術"，我也僅是抱著只問耕耘，不問收穫多寡，只祈有些許"轉變"就心滿意足了。更何況是我參與的"機緣"不是很多，一生恐怕也只有這一會，因是不敢過於奢望。

一切就隨天意吧，我想。

三度告別普那

當我向蘇甘多告別時，她給我的臨別忠言是：

（一）放鬆自己，不作任何努力。

（二）無爲。觀察並省視自身的“變化”。

（三）不作給身體帶來任何壓力的活動，如“動態靜心”。可作一些輕柔的活動如亢達里尼靜心，或者Vipasana靜心等。

（四）將“頭”擱置一邊，而改以聽從“心”的話。

（五）暫且不作任何計劃，只須放鬆、無爲。

「是時候坐收“果實”了。它是你過去這一段日子以來不斷努力的成果！」蘇甘多語重心長地。

聽她這麼說，就當它是一種特別的獎勵吧！我感到很欣慰，也很感恩。

本想在離開普那之前再作點什麼，沒想到心境忽然起了變化；想作些什麼，可又什麼都不想，真正是矛盾之極！它就像是一個盛滿了水的水壺，再也裝不進任何東西了。我想此時此刻也只有聽取蘇甘多的話：放鬆自己、無爲、不作任何努力，以及靜觀其變了。

　　陽春三月。氣候已然轉向悶熱。春季在這裡並不顯著，少了幾分春寒料峭。

　　依干達和她的印藉男友騎着摩托車去了果阿（印度的一個海邊渡假勝地），我本想留張字條不見而別。不料她卻在這個時候回來了，正好趕上與我話別。

　　我與她一直都是保持著房東與房客的關係，甚少深談。不想臨別之際，她竟拉著我促膝長談了一整個下午！談她的家事，談她早年的叛逆，如何的與家人決裂，又如何出奔來到這裡，尋求精神上的寄託等等。

　　我默默地聽著，那裡面竟有些許我自個的影子……。

　　至於另一個在我離去前想見的人就是桑吉塔，我的前房東。來時給她發了數通短訊，就是沒機會碰面，各忙各的。

　　之前，聽說她日子過得很是不錯；一邊在社區作進修，同時也找到一份教職的差事，真正學以致用。還有什麼比這個更順心的呢，我想。

　　再次走訪桑吉塔的住處，這個我曾在此逗留了整整六個星期的地方，心裡頗有感觸。

　　我手裡執著一枝紫荷，亭亭玉立，想給桑吉塔一個驚喜。

　　門開處。沒有太大的驚喜，反倒是說不出的驚愕。桑吉塔一反往昔的嫵媚，代之以一臉的困頓和感傷；髮絲凌亂的散貼在面頰兩旁，雙目空洞無神……。

　　她爲我簡單的介紹了自己的老爸。之後，把我請進她房裡去，似是有話要對我說……

　　世事真是難以預料，是誰都會遇上瓶頸的時候。前些時日子過得頗不錯的她，不想這一刻卻觸礁了。家裡忽然發生了財務危機，弟弟又不長進，而母親剛過世不久，老父在鄉間無人照應（這當子得靠她照料）……，而就在這個時候，男友又離開了她……。這真是情何以堪啊！

　　我陪著她坐了一整個下午，敞開心聽她訴說一切；我想這一刻，能借給她一只耳，用心的去傾聽她是我唯一能作的事。

　　就這樣，我帶著兩份"顫動"離開普那；一份來自依干達，一份則是桑吉塔的。

第 六 篇
印度普那 (*Puna*) 行
—— 靈修之旅（四）

四度訪普那

　　西元二〇〇六年的元月份我第四次造訪普那。

　　我依然向依干達租房子住，只不過這回的運氣沒那麼好，我住在離社區較遠的那一幢老舊公寓。那是之前我住過的一個臨時住所。

　　我就住在五樓。電梯雖嫌老舊，但操作還算正常。只不過在節省能源的大前提下，每天至少有兩回節省能源運動，分別在晨間和傍晚的某段時間停止供電。而這幾乎都是我進出往返的時間，所以上下樓梯便成了我的日常運動。走下階梯還好，只是攀爬五層樓的轉折梯則稍嫌吃重；尤其每隔一日要由外頭採購回來一大桶裝的礦泉水，再加上一個笨重的大背包，真叫我大大的吃不消！

　　這房子的設計是三房一廳一廚房，再加上側面的一個大涼台。依干達讓我住二房，有自用洗澡間兼廁所。房間還算寬敞，且設備齊全。一大張硬臥牀舖正是我所需要的（年前住另一幢較新的公寓時，那張一躺下去整個牀墊便軟巴巴的塌陷到地面上，一開始的感覺還算不錯，可過後就覺察到背部不行了。），一個簡陋的梳妝台，一個掛衣櫃，再加上一小長方條桌子。而我的那些笨重的行李箱都隨意的堆在地上，佔據不少方位。

　　房間東側是一面窗，向陽，且隣近馬路。所幸街道兩旁植有樹木陪襯，平添幾分綠意。北側也是一大面窗，可觀外邊風景。外邊是一大片廢置的公地，長滿矮木灌。由於正置冬季期間，氣候乾燥，不下一滴雨，所以那片土地都龜裂成塊塊。約莫兩百米外是一小排違章的貧民窟建築。拉開窗幕，這些屬貧困小民的起居生活點點滴滴入目，讓人有些兒不忍逐睹。雖說如此，卻覺他們活得自在，任你怎麼看。

　　然而，讓我驚訝的怪事也不是沒有。就說西元二零一零年的冬季，當我和外子在印度新德里附近一帶的城鎮作旅遊時，途經一些偏僻的鄉野，竟然發覺貧民窟的居民也擁有自家的車棚，車棚裡赫然停放著用以代步的汽車！這也許是我少見多怪吧！？

我與蘇甘多有約

我依然跟隨蘇甘多學習能量中心煉金術。

打自年前我一連上了她的三個能量中心煉金術以來，就愛上了這門學科。「能量中心」對我來說不僅僅只是它底奧秘，而是它已在我內在掀起了一股波瀾，叫我非得朝這方面探索不可。

未來普那之前，我已詳細查明蘇甘多將在這一年裡開辦第一、第二、還有第五能量中心煉金術，正好符合我所需。唯因年前我已參與過第二、第三和第四能量中心煉金術，唯獨第一和第五尚未涉及。

我向蘇甘多道明自己的意願，並要求在她的第二能量中心煉金術這個課程裡充當她的 “志願幫手”（Helper）。蘇甘多欣然同意了。

然而，事與願違。

當我在多元大學廣場找到蘇甘多時，她說歡迎我參與她所主辦的課程，唯獨無法在「第二能量中心煉金術」裡當她的 “幫手”，只因幫手人數已足，再也沒有空缺讓我加入。我有點失望。她卻建議我去參加另一個「能量中心密集課程」（Chakras Intensive），當主辦人荷瑪的志願幫手。我有點猶豫不決；想到自己對「能量中心」的學習還只是剛起步，去參加這類課程未免稍嫌過重。蘇甘多卻不以爲然的說，「不必擔心，你一定可以的！讓我幫你給荷瑪說去，讓她收妳做 helper，一邊學習。」言罷，即刻帶我去見荷瑪。

　　荷瑪個子長得矮小細緻，五官端莊。一頭長而黑的秀髮有如瀑布般直瀉而下直達腰際，很是迷人。瞧她歲數約莫有四十許吧！

　　她樣子甚是親切，且平易近人。經蘇甘多的介紹，她當下就答應收我爲 "徒" 了。

　　來普那這些年，我有幸邂逅幾位像蘇甘多這樣的好導師，自己感到很欣慰。

第一能量中心煉金術
（Alchemy of the 1st Chakra）

蘇甘多所主辦的「能量中心煉金術」總共有五種。

年前我已參與過其中的三種；此番倒回來是參加其餘的兩種，那即是第一和第五能量中心煉金術。

這是一個為期五天的團體課程（西元二〇〇六年的二月一日至五日）。

第一能量中心位於脊骨的基端（或稱 Muladhar Chakra）。它概括了人類所有的生存本能、求生意志以及性事方面等等。它是"性能量" —— 亢達里尼（Kundalini）的駐紮之地。據大師所言；當能量透過靜心而甦醒，亢達里尼（Kundalini）即透過能量中心而移動。最終，當成道發生的時候，它會透過最後一個能量中心而釋放出來。最後一個能量中心叫做「薩哈斯拉」（Sahasrar），位於頭頂，能量從「薩哈斯拉」釋放出來被形容是一朵千瓣蓮花的開花。Kundalini 所經過的七個能量中心相當於身體的（1）脊骨的基端，（2）肚臍下方，（3）肚臍上方，（4）心，（5）喉嚨（甲狀腺），（6）中眼（第三眼，松果腺），和

（7）頭頂。

　　而這裡所提供的利用〝性能量〞來提升個人由最低的意識狀態轉化為較高的或最高的意識境界只不過是諸多途徑中的一種途徑。

　　據知此能量中心所呈現出來的色彩是紅色和黑色。紅色代表根基、理想（理想主義）、和對生命的激情。黑色則代表穩固和踏實的安全感。總的來說，它與〝地〞元素是緊緊相繫著的。

　　「第一能量中心煉金術」最終達成 —— 「從恐懼到愛」（From Fear to Love）。

　　凡人皆有恐懼之心，若說不知有恐懼者那是在自欺欺人。

　　記得開課的第一天早上，我們就作了這麼一個「工作坊」—— 那就是每人各自寫下自己所感到〝恐懼〞的事物。

　　我坐在那裡仔細的想了一個早上，終於寫下自己所感到恐懼的事務，足足有一籮筐那麼多！

　　懼老去、懼死亡、懼病痛、懼失去、懼愛、懼性、懼孤單、懼無能、懼失敗、懼得罪人、懼被拒絕、懼被羞辱、懼……等等好多好多，寫也寫不清！

　　想我一生，竟為這形形色色的〝恐懼〞所包圍，實可悲！

　　午後。集體分享各自的〝恐懼〞經驗。雖各有所異，卻也相去不遠。堪稱是同病相憐呵！

第二日早晨。

作第二個「工作坊」。

工作坊內容：記下至今仍然讓你 "緊握不放" 的一些事件。

令我無以釋懷的東西還可真不少；包括了恨事、憾事、悲事、情事、以及一些個人的恩恩怨怨……。至此，我不得不佩服自己那顆小小的腦袋瓜竟可容納下這麼多且博雜的事物！不僅如此，在追朔的過程中，它竟有如一幕幕的影片，活生生的呈現在我底眼前，讓我再次身歷其境……。這真是人生如戲呵！而且是自導自演。

這日午後。再作另一個「工作坊」如下：

我們分四人一小組。每人輪流向其他三個組員問話。（每人連續作三次。）

面對第一組員：「我錯在哪裡？」

面對第二組員：「我錯在哪裡？」

面對第三組員：「我沒有錯！」

（註：在 "問話" 的當兒，被問的組員無須作答，只須保持沉默即可。但必須注意的是 "問" 的一方務必要正視對方的眼來說話，那樣子就好像欲透視對方似的。而 "問" 方所道出的每一句話也務必要強勁有力，深深的敲擊著彼此的能量中心。

一整個下午，我們每人都在輪流作這樣的一個 "問話" 工作坊。

　　作罷，大家都累得癱倒在地上，那是一種精力的掏空。

　　過後，組員們紛紛告以我在“問話”中所發出的強勁能量，令彼等有些兒招架不住！我唯有一笑置之。

　　第三曰。

　　早課。

　　我們集體在教室裡作「動態靜心」（Dynamic Meditation）。

　　註：作此靜心目的在於藉著靜心裡的“發洩”階段來清理掉一些積壓在體內的負面情緒。另一方面則藉著“跳躍”以及發出“護！”聲以打擊第一性能量中心讓能量得以釋放。

　　作畢動態靜心。集體分享心得。

　　午後。

　　作「生命線」工作坊。

　　所謂的“生命線”是利用一些七彩線來詮釋生命（人生）當中各個不同階段的際遇。它包括了喜、怒、哀、樂、甜、酸、苦、辣等。

　　我們各自拿了各色彩線開始在地上舖起一條屬於自己的漫漫人生道，從出生到現在。

　　這是一條一去不復返的生命之流。而今吾等卻要靠那不甚完整的記憶重新走一遭。

　　我就坐在生命的源頭上開始努力追思。據說有人可以從在母胎受精成孕的那一刻開始記憶起，這的確是很不可思議的。而我對自己的原初階段乃至出生以後直到三、四歲的這一段期間都是一片空白，無從記憶！

記得兩年前在上阿南達的課時，她曾使用過"催眠術"要我們回到前世去尋求一些記事……有好些人都做到了，唯獨我躺在那裡，腦袋一片空白，再怎麼努力也無濟於事。當時只覺自己彷彿是一片羽，飄浮在半空中，過後就整個兒不見了……直至阿南達頻頻呼喚，要大家再度回到現世中來。其實我還真捨不得回來呢，依然留戀著那片空，那種感覺真好！其後我很喪氣的告訴阿南達，我很笨，一樣東西也找不著，很希望她能不將我喚醒，讓我繼續留在那片空裡，那該有多好！

阿南達連說不要緊，這無關緊要，然後對我笑了笑。感覺上那"笑"有點詭異。

我於是從四歲時開始記憶起……這是人生一篇獨一無二的交響樂章；開始時是平和無憂的、夾雜著歡愉；然後是一段激昂的叛逆成長過程；接著是邁入人生另一段最為難以譜寫的篇章 —— 它包括了"而立之年"以後所面對的人生種種際遇，時而高亢激昂，時而低落沉悶，時而歡欣舞動，時而痛不欲生，時而喜，時而悲……。

吾今且帶著一種有如絆翻五味瓶的心境細細的去回味，從頭開始，再走它一遍。據說人在過世前都會如此這般快速的翻一遍自己所曾走過的人生篇章……。

而今在這條「生命線」上，我們就像那即將離世的人那樣，重新走一遍自己的人生道，從出生到現在。所不同的是這一回要帶著一份"觀照"心去走，走過之後，還要帶著一份"警覺"心與它（過去的）訣別，從此互不牽連。

這也即是作此工作坊的意義：斬斷過去，活在當下。

沒有了過去的牽絆，一個人才能活得自在。

第四日早上。

作「恐懼」工作坊。

在這裡，所謂的「恐懼」工作坊乃是面對自己的「恐懼」去下功夫，以尋求一個解決方案。

我以為真正讓一個人感到恐懼的不是「恐懼」本身，而是那個攜帶著「恐懼心」的自己。

記得開課的第一天，蘇甘多就已令我們每人寫下了自己所感到恐懼的事物。

這恐懼的事物大大小小可以有千百種，而今我們所真正要去面對的則是自己這一生當中所感到最為害怕的事……。

俗話說：環境造人。這是千真萬確的。

想我自幼就在一個舊式的家庭中長大，受著嚴格的家庭教育。這原本也不是宗壞事，只因它塑造了一個日後生活態度非常"嚴謹"的我。然而問題就出在於家母把我給管得太過了，就好似我是一塊麵團，隨她喜歡拿捏，偶有不順她的意，必然給我臉色看，甚至數日不同

我說一句話，對我不瞅不睬的。這時的我，真寧可被她
痛打一頓，好消消她心頭的氣，快快的雨過天晴。不過
話說回來，當她氣得忍不住拿起雞毛帚追著我猛打的時
候，打罷，我必縮在一個角落裡，以指甲狠狠的抓傷自
己的臉給她看，讓她難過（我知道她是非常愛惜著我
的，常常我底一雙腳生瘡爛了，她會細心的每日為我作
護理。）。又時而她與父親發生口角，就會賭氣的“離
家出走”（跑到親戚家住），數日不歸。歸來之後，也
必定會繃著一張臉不說一句話，那樣子可持續好長的一
段時日。而我作小孩時，最怕的就是過這種“天烏烏”
的日子了！年紀稍長，我學會了觀顏察色，盡量不惹她
生氣，盡量順著她，那樣子可讓自己的日子好過一些，
然而總免不了日日擔驚受怕的。而我底童稚年確實是這
麼過的，它可不像一般人所描述的擁有一個“溫馨快
樂”的童年。是以當時在我稚幼的心靈裡，母親給我的
印象似乎只有“畏懼”而沒有“愛”。不幸的是這個
“畏懼”的陰影從此烙印在我那受創的心靈裡無以磨
滅。這也無形中造成日後我在人生道上與人相處時總缺
乏信心；時時害怕自己會受到傷害，要不就是怕得罪
人。我無法完全放開自己去與人交往，我為自己設下一
道防線，時時刻刻提防著，不讓人接近。我極少向人吐
露真言，唯因世人寧可相信謊言，真言少有價值。既使
讓人誤解，我也懶於為自己辯白，唯因愈辯愈黑，多一
事不如少一事，我成了個怕事的人！世界與我，彷彿隔

著一層紗；我隔著紗看這世界，這世界也隔著層紗來看我。我變得憤世嫉俗，嫉惡如仇。

當在作這個「恐懼」工作坊時，我終於有了機會真正去面對自己這一生當中所感到最為害怕的事 ── 即那錯綜複雜以及瞬息萬變的 "人際關係"。它令我感覺到自己的一顆心是緊縮的、無法打開；它又令我感到窒息，似是有物堵塞在那裡，非常的不舒服。

午後。

作「呼吸」工作坊（Breathing Workshop）。

藉著強烈的「呼吸」運動，將長期以來積壓在體內的種種 "鬱結"（壓抑）排出體外。（呼吸運動可幫助清理內在負面情緒問題。）

作罷工作坊，又作「亢達里尼靜心」（Kundalini Meditation）。藉此靜心，讓整個身體鬆懈開來，能量就此得到釋放。

是日的晚課，蘇甘多要我們每人嘗試去作一件 "冒險"（Take a risk）的事。那即是作一件你平時做不到、也沒勇氣去做的事；藉此以改變你的人生模式。

第五日。

早課：集體分享心得。

午課：作「愛心按摩治療」工作坊。

我們分三人一小組。二對一輪流作。即其中一人躺下，由另外兩名組員為他作愛心按摩治療。

我嘗試以 "自發性" 能量（自然能）來為我的組員

作按摩，感覺良好。

　　我真爲自己高興，我終於找到屬於自己的寶貴生命能了。它是那麼的奇妙！

　　結語：這爲期五日的「煉金術」課程讓我獲益良多。它也讓我明白了一個事實 —— 所有過去種種，就好比是那無形的枷鎖，它都是我給自己套在身上，並無人將之強加於我。而今，解鈴還須繫鈴人，這無形的“枷鎖”還得由我自己來解開。

　　儘管我在上述篇章裡對有關家母的描述似乎有點過份，然而事實終歸事實，我也不想逃避，只有勇於面對問題的徵結所在，內心的糾結才有望於化解的一天。

　　而每一代人都有每一代人內心的糾結和創傷，家母亦不例外。據悉母親八歲的時候就離鄉背井，被家人從中國的南方送來南洋一帶投靠親戚，被一位近親叔叔收養，就此過著寄人籬下的生活，直到十幾歲時許配給父親爲止。想想當時一個年方八歲的孩子就得擔負著被家人“遺棄”的恐懼和痛苦，實在是情何以堪啊！所以這也間接的造成了她內心的不平衡與創傷，因而重重的打擊了她的這一生！而我則遠比她幸運，及早發現這“問題”的根源所在，及時抽離並得到化解。否則似此一代影響著一代，沒完沒了，這才是吾人真正的致命傷！

荷瑪和她的「能量中心密集課程」

（Chakra Intensive）

　　荷瑪的「密集」課程總共有五天（西元二〇〇六年二月九日至十三日）。

　　說起來真令人感慨，在這之前，西元二〇〇五年，我來普那的時候，想當阿南達的"幫手"未遂；而今次我來普那，想當蘇甘多的"幫手"亦未能如願；想不到卻當成了我連想都沒想過的資深導師 —— 荷瑪的"幫手"。這真是人算不如天算啊！

　　想到既能當 helper，又能免費去學習一門全新的課程（它不在我的學習計劃範圍內），我真是興奮莫名。

　　哪知我還是高興得太早了……。

　　從來就沒作過 Helper（幫手），我有些兒緊張，也有些許壓力。

　　開課的前一日，我即同另外兩名男生開始佈置教室。這間課室是導師早就預訂好（註：上課地點並不固定，由導師自行選定，然後在開課前公佈地點。），屆時就由我們這些"志願生"幫她佈置，並準備一切所需。這兩名男生跟隨荷瑪已有好一段日子了，所以做起事來得心應手；反倒是我這新手顯得有些兒笨手笨腳的，樣樣都要請示他們。除此，荷瑪的搭檔助教穆多也親自到場指示一切。

穆多個子長得瘦瘦高高，皮膚白晰，用“玉樹臨風”四個字來形容他最為貼切不過。再加上他的溫文爾雅，說話不多，很有紳士之風。

開課的首日，大家在多元大學廣場集合，等待荷瑪來點名並領我們去上課地點。所有參加此課程的人除了繳費的報名生，再加上我們幾個幫手，另外就是一些課程「翻譯員」了。翻譯員是提供給那些不諳英語的外語生。英語是這裡的通用語言，所有的教課一律採用英語。在多元大學裡擔任課程翻譯員參與任何課程都是免繳學費的。我曾經認識一位來自台灣的女生，她就在這裡當了九年的課程翻譯員，也同時免費參加了不少的課程，算是大有收獲。

一般英語水平不足的外語生大都來自歐陸以及中東國家，少有來自亞洲國家如中國和蘇俄一帶。不過來自港、台、日的倒是不少。二〇〇五年當我在普那的時候，班上開始有來自蘇聯的學員。而在二〇〇六的這一年，我在社區裡就遇見了不少來自中國的學習生。

就說我目前的這個班吧，就出現了這麼一位遠道而來的中國年輕女生，據知她已出來自己創業做點小生意，而今中途休假老遠跑來這裡看看，一半除了好奇，一半就是想趁此機會看看是否能為自己做些什麼。很明顯的這一代的"東方"人在物質文明逐漸趨向一個飽和點之後，緊隨著的就是精神文明方面的落差了。

　　由於正置奧修靜心營的高峰季節，翻譯員的需求量很大，這名中國女生一時找不到人幫她作翻譯，看到我會說普通話（華語），英語也沒問題，便有如抓到一塊浮木般，求我務必幫她一把。這下子我頭可大了，從來就不曾作過翻譯也沒受過什麼翻譯訓練，不行，我辦不到！我攤開雙手，坦白的回絕她，「這個忙我幫不上，妳另請高明吧！」她哭喪著臉看著我，一副很無助的樣子。荷瑪在一旁忙為她說情，我騎在虎背上；不幫她的話顯得我很無情，見死不救。最終我勉為其難答應了她，但也給自己平添了幾分憂擾。想想這下可好了，一身兼三職；其一當幫手，其二當學員，其三作翻譯。這是我作夢都夢不到的，我真的高興不起來！穆多見到我這樣，忙安撫我，「你就試試看吧，若是中途覺得不妥，想退出，儘管讓我知道好了！」

　　這名中國女生個子不是很高，近乎矮胖。滿月型的臉蛋配以單眼皮，鼻尖微塌，再加上滿嘴的煙牙，開口說話時一股濃烈的煙味直往人面上撲……唯一可取之處看來就是天生的紅嫩肌膚了。而我日日得與她"耳鬢廝磨"，緊挨著她幫她作翻譯，那股濃烈的味道令我苦不堪言。然而這些都不是問題，令我喪氣的是我的整個學習計劃就此泡湯了！我雖身兼三職，然似乎只做到了"翻譯"一職，其他的全都給撇在一旁了。由於作翻譯作得太投入了，不免身陷其中，顧此失彼。我完全無法做到「身處於翻譯中，卻不爲翻譯所佔據」，我在翻譯中迷失了自己！對於這一點，我感到很無奈，也很洩氣。

眼看着整個課程都已過去了一大半，我卻一無所獲……。我開始感到焦慮，也有點不耐煩。很想退出，很想立刻去給穆多說我不幹了；無奈礙於顏面，怕人笑話，怕人說我做事有始無終，怕人說我沒本事還要逞強……我於是強忍下了。

荷瑪的「能量中心密集課程」與蘇甘多的「能量中心煉金術」內容稍有不同。它是一系列的「能量中心」介紹；從第一到第七能量中心，是人體的七大主要能量中心。通過啓發這七個能量中心，個人由此得到轉化。

不過，要在短短的五天裡完成這樣的一個課程（包括所有的能量中心），似乎有點不太可能，且過於倉促；更何況是我還得兼作翻譯，完全無法專心學習。幸虧在這之前我跟阿南達，還有蘇甘多學習過有關「能量中心」的課程，是以勉強應付過去。

然而，當課程接近尾聲時，我終於沉不住氣了，彷彿覺得體內有股什麼要爆開來了。它就像是座活火山，時候到了，非爆不可！我毅然的走向穆多，用手指指自己內部，告訴他我沒辦法再撐下去了，有東西要爆出來，不能繼續當翻譯了！穆多看著我，會意的點了點頭，當下解除我的翻譯任務。荷瑪知道了，直叫我

"Bad Girl"。我知道她不是在損我，而是對我的突發性轉變，無法完成翻譯任務感到無奈。

在集體分享課上，我終面對大家爆出了一直潛藏在自己裡面的一些"負向"東西 ── 好勝、好強、不輕易認輸、喜歡炫耀、自大又自卑、樣樣要求完美，是個典型的"完美主義"者。而我這一生一直都在苛求自己去達成某個既定目標；我努力的去追求、爭取、甚至抗爭⋯⋯，卻不知道自己的寶貴能量（生命）就在這一切盲目的追逐中不斷的流失、虧損，乃至消耗殆盡！

而今我得以靜下心來思考並捫心自問：這難道就是我想要的人生嗎？人生可以有很多目的，而我的似乎什麼都不是⋯⋯，潛在裡它似乎還有另一面不為我所知的更為廣泛的空間⋯⋯。

我於是想到了生命；生命所含的"真實"意義。

所有人的目光都集中在我身上，似乎在看我要如何去演這一場戲。

我毫無畏懼的面對自己，面對大家，很平靜的道出我內心的話：我要找回我"真實"的自己，而這就是我的人生目的。

那中國女孩定定的看著我，不明所以，不知我何以中途忽然"翻臉"不幹了。我沒向她多作解釋，只因她看不到我內在的那座活火山。不過，我卻要感謝她讓我有這個機會去觸動我內在的這座活火山。它終於被引爆了！

　　沒想到我還有機會好好的完成最後一堂課。當接受「呼吸訓練」時，我忽然的一股氣"卡"在喉結間（第五能量中心），豁不出去，唉叫聲中荷瑪忙過來為我助陣，在旁疏導並為我打氣，它終於"過關"了，直闖眉心（第六能量中心），再上頭頂（第七能量中心），而後從那裡出去。

　　之後，我直挺挺的躺在那裡不動，似乎昏睡了好一段時間。

　　課程結束之際，我擁抱著荷瑪並向她道謝。

　　我問她對我可有任何"忠告"。她看著我笑了笑，說：我沒什麼好說的，該做的你都做了！

　　我也向穆多道謝，感謝他這一段時間對我的諒解跟照顧。

　　至此，整個「密集課程」終告圓滿結束。

　　只是，我的"助手"工作尚未完成。我照樣同那兩名男生一起在穆多的監督下做完清理、善後的工作，把整間教室再度還原成空，好讓其他人接下來可以使用。

　　望著清理過後呈現一片"空無"的教室，我感觸良多。我在這裡失去，也在這裡獲得。

　　然而，眼前的這一片"空無"卻叫我放下。

　　放下一切，放下失與得。

通靈與能量閱讀
（Channeling and Energy Reading）

這是一個為期五天的團體課程（西元二〇〇六年二月十五日至十九日），由阿南達所主導。

猶記年前我與她有個約定 —— 想當她的 "幫手" 以及參加她所主辦的課程（Shamanic Energy Work Training 2）。不想卻撲了個空 —— 由於她身體不適臨時取消計劃。從那時開始，我與她暫且失去聯繫。雖有幾回，我在社區裡走動看到她，也僅是擦身而過，並沒有因此停下腳步寒暄幾句。

她底眼神依然冷峻，也依然犀利……。它令我裹足不前，感覺自己被排拒在外。

此番再次與她取得聯繫，可說是個 "機緣"，一個突如其來的 "感應"。

在與蘇甘多作「個案」的時候，不知怎地，我忽然想起了她……。我向蘇甘多透露自己很想再去找阿南達學習，可卻沒有勇氣走向她，怕會被拒絕。我坦言自己對阿南達感到畏懼和不安，不知怎麼去接近她。沒想到蘇甘多卻大力支持我說：「去吧，去找她吧，想辦法與她取得聯繫，不用顧慮太多。」

終於在一個午餐時間，我又見到阿南達了。她就坐在離我不遠處 —— 大佛堂外水池邊花圃旁的石階上。午餐時間，我總喜歡一個人端了飯盤在這裡找個地方坐下，邊細嚼慢嚥，邊觀賞周圍的風景。

正思索著待會兒如何去與阿南達搭上，不想她這時忽地起身準備離去。我見狀慌忙丟下飯盤追了過去，邊叫著她的名字。

她猛地回首，見到是我，擠出一絲笑容，「嗨，是你啊？！」接著又以詢問的目光看著我，「有事嗎？」很直截了當地。

我囁嚅地說：「我想參加你的 Group，可以嗎？」

「你想來就來，咱就在 Info-talk 上見面好了！」她輕描淡寫的，沒有表示歡迎也沒有不歡迎。

「謝謝，謝謝……」我受寵若驚，一疊聲的說謝謝。

也許是過於興奮，我竟伸出一只手想去拍她那瘦削底肩以示謝意，不料她卻閃開了，冷冷地拋來一句，「我不喜歡被人碰觸！」

我伸出的手頓時僵在半空中，良久，方回過神來，「對不起，對不起……。」我又一疊聲的說對不起。

她走了。

望著她那漸行遠去顯得有點 "春寒料峭" 底背影，我輕拍自己的胸脯，深深的吸進一口氣又吐出來，然後對自己說，「沒事沒事，都過去了！」一度緊縮的心此時又再鬆懈開來，總算過了這一關。

我於是想起不久前剛上過的「第一能量中心煉金術」課程……。終於了解到這原來都是潛藏於內在的"恐懼" —— 那是一種害怕被拒絕和被傷害的"恐懼心"在作怪。

我終於在 info-talk 上與阿南達見面了。

見到她時，我必恭必敬的雙手合十在她面前行禮，這是東方弟子給予師長的最高敬意。

可是她並不吃這一套，劈頭就是一句：「Pray 什麼 Pray（禱告之意）？坐下坐下！」近乎命令地。

想來這即是爲師的想給弟子的一個"考驗"吧，我不再感到驚慌，從容的坐下，整整心緒，而後把自己這些日來所學的全都給報上了。

她似乎對「能量中心密集課程」特別關注，聽完我的報告，即說，「那課程內容有沒有包括 "Hara" 在裡面？」Hara 是日本人所謂的"肚子"。它在靠近肚臍的地方，在肚臍之下大約兩英吋左右。它被號稱爲"死亡之點" —— 是身體裡面的那個"黑洞"（Black Hole）。它是一個"不存在"，就好似太空裡的那個無形黑洞，任何物體靠近它就會消失於無形。（據說從前日本武士切腹自盡就是透過 Hara 這個位置作無痛苦的死亡。）

我連說，「沒有。」Hara 到底與「能量中心」作何關係？我有點迷糊。

「沒有嗎？那真是太可惜了！」她說，近乎扼腕地，「他們竟然沒將 Hara 安排在課程裡面，那可是一個很重要的環節哪！」

我默然。不知她到底想"暗示"些什麼？……只是心裡頭早有準備，接不接受就由她了，我不再強求。

她看到我沒反應，又自動發話了，「你想參加我的Group（團體課）就來好了，不用 Interview（面試），任何人都可參加。」

我鬆了一口氣，總算過關了。

她隨即又問我，「你對我的這個課程（Channeling & Energy Reading）有什麼認識嗎？」

我搖頭，表示一無所知。

「沒關係，我在這裡稍作介紹好了。」她說，「基本上它是一個朝向比較高層次的廣泛空間，超越這個世界，與 Cosmos（大宇宙）取得溝通跟聯繫；而自身只是一根中空的管子（A Hollow Bamboo），讓存在（The Existence）透過你而作用。即是一般所謂的"通靈"或者"靈媒"吧！」

我深深的被她這番話吸引了 ── 這不正是我一直都想去探索的另一個層次空間麼？當下暗喜。

上課的地點就在「老子門」，大師"三摩地"（莊子屋）的樓上。

西元二〇〇二年初，當我第一次在普那的時候，曾參與了一個叫「Remind yourself ── Talk to body-mind」的團體課程，當時我們就在這裡上過課，印象猶深。稍後於西元二〇〇四年初，我二度來普那，又參與了一個叫「神祕玫瑰」的團體課程，再次有機會在此上課，足見我與它之間的緣份了。除此，我亦曾在「莊子屋」裡靜坐過，那種感覺真的很棒！

「莊子屋」的確是個很不尋常的所在。怎麼說呢，或許就在於它那超凡的力量（能量場）吧！一旦你與它結上緣，它就有那個能力度化你，讓你變得不一樣！

而「老子門」內唯一的一幢兩層樓建築，也即是我們上課的地方，它就座落在「曲徑通幽處，禪房花木深」，環境幽雅的林園裡。大師的"三摩地"設在底層，而上課的地方就在二樓唯一的一間教室裡。底層除了大師的三摩地，旁側還闢有一小圖書室，專為藏書陳列而設。然後就是一個轉折扶梯直通二樓的課室。

「老子門」進口處有守衛把守，閒雜人等不得進入。進門需持有特許證；一般都是到那裡上課的學生，然後就是繳了費到"三摩地"靜坐者。其內規矩森嚴，入門後必肅靜，沿著小徑作禪行，直達建築物門口。屋外置有多層鞋架，讓你脫鞋置放。進屋時只著襪；到三摩地靜坐者著白襪，到二樓上課者則著紅襪。穿白襪是為了避免弄污"三摩地"內的雪白大理石地板；而著紅襪則是一般門徒在社區內的穿著 ── 紅袍配以紅襪。

想當年奧修將他的"蟄居地"取名為"老子門"和

"莊子屋"是別具意義的。大師一生鐘愛老莊，特別推崇老子的"無爲"和莊子之"道"。對老子的「道德經」有著極爲精辟的見解和詮釋，而對莊子的「空船」也別具一番洞見。

大師愛把自己比喻爲老子；他說他和老子是分不開的，他是老子，老子就是他。

老子與大師，可說是兩個不同時代裡的兩個"空"相互吻合，合而爲一。

我愛大師，也愛老子；我深愛這兩株生長在不同時空裡的"奇葩"。

話說這幢兩層樓的建築，上、下層各具特色；底層的「三摩地」看似是個"密室"，四周密閉不見天日，其內則滿滿的迴蕩著大師的靈氣，身處其中即可感受到那超凡的能量！而頂層的教室則是另一番佈局；整個空間寬敞明亮，四周盡是落地玻璃長窗，完全對外開放。窗外是一片綠林環繞，予人以一種心曠神怡的感覺。

大師的林園，乍看狂野不拘，任由草木自己生長，合乎莊子之「道」。道貴在自然，不做作，不假以修飾。

而我們就在這樣的一個環境裡學習"自然"之道。

說來可笑，人原本就是那個自然物，卻不知什麼是自然。許是入世以來，"離經叛道"久矣，忘了自然爲何物。如今返來學習自然之道；學習如何與大自然相處，學習如何與大自然聯繫，學習如何與萬事萬物溝通，學習如何放空自己成為大自然的一部份。

記得開課首日。我們一群學員大約有二十來個圍成半個圓圈席地而坐，正對著講台。阿南達坐在台中央，兩側分別坐着她的助導。其中之一竟是我的房東依干達，令我大感驚訝。另一位則是男助導維哈凡，他體型碩大，面露慈光，年紀與阿南達相仿。

開課之際，阿南達對著我們作了這麼一段“開場白”，令我印象至為深刻。

她說，「我主辦這個課程已有好長一段時間了。可是不知怎地，今天再次坐在這裡，竟覺得好像有什麼東西即將發生似的……」說到這裡，她顯得有些兒激動，邊撩起一只手去擦拭眼角，邊繼續說下去，「這種感覺真的很奇怪，很難說得清……。我看我就不說了，我們還是開始上課吧！」

我知道她再說下去的話，也只能對牛彈琴了。只不過，聽了她這一席話，我心亦有所動，彷彿也有那麼一點“感覺”了，一種說不上來的感覺。

第一堂早課 —— 「做我自己」（Be by Myself）（二月十五日）

阿南達對此課程先作一番簡介。而後令大家坐在地面上圍成一個大圓圈。跟着手連手創造出一個能量圈。然後再將手分開，去感覺周圍的能量，接收那個能量，之後再將手置於腹部之上。接著，每個人開始介紹他自己，包括他的宗教信仰。

　　介紹完畢。大家集體站在室中央的牀墊上，閉上眼，隨著放送的音樂舞動身體，並隨著體內能量的流動由"喉"部發出聲嘯。

　　作完上述活動，休息三十分鐘。之後每人各自尋找一張牀墊坐下，並各取一張畫紙及一盒彩色筆放在自己的位置上。接著每人站在自己所選定的一個空間裡，閉上雙目，像一棵大樹般穩固的站立著，雙腳就好似樹根緊緊的抓住大地不動。頭頂頂著天空，雙手則好比那枝和葉，隨著音樂裡頭所傳出的呼嘯聲（時強時弱）而擺動全身，搖晃全身，那樣子就好似樹身及其枝葉受著強（或弱）風的吹拂而舞動。如此持續好一陣子。

　　作罷躺下。觀照自身能量的流動情形；由足部開始，慢慢蔓延至全身各個部位，直至頭部爲止。

　　觀照罷。坐起身，在畫紙上以彩筆繪出（表達）整體能量的流動狀況。繪畢，將它置於自己的位子上。

　　午餐過後。

　　繼續觀照自身的能量流動狀況，看它如何引導自己去做某些事……。令我感到驚訝的是這股能量在導引我作飛快的步行，時而傾向左，時而傾向右，歪來倒去，象極醉漢在走路，煞是有趣。

　　午課。大家返樸歸真，一起作小時候常玩的"追逐"游戲。

　　之後，每人各自找個組伴（兩人一組）相對而坐。其中一人扮"月亮"，另一位則扮"太陽"。各自定位之後，集體作「亂語」靜心。（作此靜心目的在於將頭腦裡的各種"瘋狂"拋出，回到無物（無腦）的純然狀態。）

　　「亂語」過後。兩人輪流拿出自己於早課時間所作好的繪作擺在中間，讓對方對各自的作品作評述。當一方開始評論時，另一方則準備接收那個評價。評論分三次進行如下：──

　　第一回合是通過"頭腦"來評論（即由頭腦的思路來評價）。之後彼此分享心得。

　　第二回合則是扮演"小孩"，依據對方的作品編造一個故事。講完故事，對自己說三聲"I don't know！"（我不知）。

　　第三回合是跟自身的流動能量作深深的聯繫。然後以左手在對方的繪作上作出能量"反映"（意即能量閱讀），邊作邊由喉部發出各種聲音。（這聲音是由喉部自然發出的，它是對繪作的一種自然反映。）

　　至此，第一日的「做我自己」工作坊就這樣告一段落。

　　這日，在步行回返住處途中，突然感覺自己的軀體變得輕飄了，走路時步伐如飛，完全不費力氣。這種飄然似仙的感覺真的很棒！

　　在接下來的幾日，對我來說是一連串突發性的"能量激發"，它衝擊著我，令我有些兒飄忽不定，以致無法將整體的課業過程作詳細的記錄，實在有些兒遺憾。唯有留下某些印象較為深刻的片段……

之一：大師的巨照

卻說某日的早課。阿南達很突然的從課室的牆角裡搬出一幅看似"巨大畫像"的東西，將它擺在我們面前（它背對著大家），然後指著它說：「你們猜猜看這是什麼？」

我當下不假思索便道：「是 Osho！（奧修）」

果然，當她把它翻轉過來正面對著我們時，沒錯，它真的是幅奧修的巨頭照！

阿南達笑了笑，接著說：「今天我要你們對著它作"文章"。」作什麼"文章"？大伙兒滿頭霧水，不知阿南達又要搞些什麼花樣讓我們去傷腦筋了！

「是這樣的，」她又接下去說，「我要你們每人輪流上來坐在這裡對著大師的照片作描述，把你們所看到的跟所感覺到的都說出來，盡情的發揮，好嗎？」

「OK！」大家齊聲說沒問題。只是不知它背後到底蘊藏著什麼"玄機"？為何要對著大師的大頭照作文章？

於是每人開始輪流上去對著巨照發表"言論"。

當輪到我時，我坐在大師的巨照前；從頭髮、臉型、嘴巴和鬍子，直至眉毛、眼睛和鼻子都仔細的觀察了一番，之後開始一一作描述。當描述到大師的那雙眼時，我忽然頓住了，深深的注視著它……，不知怎地，我忽然變得激動起來，且語無倫次地，「現在我在看著他的眼，啊！……他的眼……他的眼好深好深……好像一口很深很深的井……噢！No！……」我忽然尖聲大叫。那只眼好像有某種 "磁力"，它把我給吸住了！

「啊？那你還看到了什麼？繼續說下去……」阿南達彷彿料到我會有此舉，一點也不覺得驚訝，反督促我說下去。

「噢！……不！……」我又失聲尖叫。「我……不！……他……他把我給吸進去了！……噢！No！我掉進去了！……嗚……」跟著我大聲嚎哭起來，彷彿整個人已被捲入那漩渦裡去了似的。

「好了好了，沒事沒事，你回來，回來，好嗎？」阿南達忙安撫我說。

我慢慢的回過神來，怔怔的看著阿南達，再回首去望一望那口深不見底的暗黑色的井……我心有餘悸，一時說不出話來。

之二：我是樹、是風、是小鳥

整個課程，由始至終，阿南達都巧妙的設計了各種「工作坊」讓我們嘗試去努力，看看誰能有幸從中得到 "激發"，最終取獲那把可以去啓開那道通往 "神聖" 之門的鑰匙。

有大部份的時間我們都在做著"小孩兒"的游戲，藉此以恢復"童心"，讓自己更接近神性。唯有變成那"神性"的，一個人方有機會走進那神聖的殿堂。

我們閉上雙目站在自己的位置上跟著音樂扮樹、扮風、扮小鳥……。不僅僅此，我當下還真以為自己就是那樹，在風中搖擺不定；還真以為自己就是那小鳥，而整間教室就是那天空，任由鳥兒翱翔其中。我忘情的滿場飛，飛，飛，飛過每個人面前；惹得男助導維哈凡很不高興，跑過來阻止我，「回去回去，回到你自個的位置上，不要去干擾別人！」

之三：孤島上的狂笑者

又有一日。阿南達要我們每人自找一個"組伴"（partner），然後分頭找個周邊的位置坐下。我在人群中開始搜尋，希望找著一個願意跟我"合作"的伙伴。不想每個人動作都比我快，一下就找到自己的"合伙"人。最終僅剩我一個，孤軍無人理。我站在那，一時覺得很徬徨，也很無助，不知如何是好。這時維哈凡走了過來附在我耳邊說：「怎麼？沒找到人嗎？」

「沒有。」我搖搖頭，一臉的愁苦。

「沒關係。」他反過來安慰我，「告訴我，你喜歡坐在哪兒，我陪你過去。」

我環顧四周，靠牆邊的位置早已坐滿了人，只有室中央的部份是空著的。我無奈的說：「我想就那裡吧！。」我指指室中央僅留存的那一片空位。

「好吧，就那裡，咱就走過去。」維哈凡於是伸出他的一只大胳臂來讓我挽著，我們就這般手挽手慢步走了過去。這時的我，就好像一個落難的小女孩兒般終於被人呵護著領走了。走到室中央，我拉過一張牀墊坐下，維哈凡這才放心的去作他的事。

我就一個人坐在一張牀墊上，在室中央，有如一座孤島。

我百無聊賴的坐著。阿南達並沒指派我去做任何事，她還說我已經 "過關" 了，無需再作什麼。我懵然，不知她意味著什麼。

就這樣，她把我一個人丟在孤島上，自己和助導們則忙著去照應周邊的那些人。

我就這麼坐著，一個人，獨自在一個孤島上……

我覺得自己這個樣子很滑稽，也很無聊。無聊加上滑稽……我忽然像是給人點了笑穴般縱聲大笑起來……

阿南達並未過來阻止我，她就讓我孤軍一人，坐在孤島上狂笑，笑個不止……

第四堂課（二月十八日）—— 作「我是這個星球上有史以來所出現的最為厲害、最為神通的管道」（I am the greatest channel that ever walk on this planet）工作坊

　　以上這個「工作坊」（也是一句話語），可說是阿南達最後交給我們去"努力"的工作坊。

　　她要大家把"這一句話"都記牢了，然後去對班上的每一個人說，並且去感覺它。

　　我們於是一團二十來個人就在偌大一間教室裡來往穿梭不停的走着，個別去對團裡的每個人大聲說出這句話。不僅是說說而已，大家還作出各式各樣的表情跟動作。乍看就像是在演著一場戲，既滑稽又有趣！它就像是童話故事裡那個神通廣大的魔法師在人前炫耀他自己是如何的了得那樣。

　　作完工作坊。阿南達向我們每人查詢對有關工作坊的感覺究竟為何。

　　眾說不一。有者說他不知道自己在做什麼；有者說它沒多大意義；也有的說它既沉悶且無聊。

　　當阿南達問及我時，我很坦然地說：「很好玩！Very Enjoy!（很享受）」

　　「嗯，很好。」阿南達對我的回答似乎感到滿意。

　　其實，這整個"游戲"（工作坊）的用意不外是要你放空自己，成為一個"管道"（Channel），讓整個"事件"自己發生，而你根本無須去做什麼，只要成為那個"玩"（Play），從玩中去享受就好了。

　　大師常道：人生本來就沒什麼好嚴肅的。

　　說得也是。那就好好的玩一玩吧！

神奇水晶 —— 與「水晶娘娘」之約

我和水晶有著難解之緣。

從一開始的對它沒感覺直到後來終於有了感覺，前後歷經十一年。

九十年代初期，我隨同一名瑜珈教練和她的團隊到泰北的某間寺廟作靜修，結識了團隊裡的一名佛友。之後她便將這類賦有靈氣的水晶介紹給我，說它不單可淨化身心，也可淨化家居環境。我半信半疑。當初對這"石頭"實在沒多大了解。過後，她還很熱心的帶我到珍珠坊一帶的水晶專賣店去選購。可我對水晶根本就不了解，更別說是去選購了。所以在那張望了老半天，也看不出個所以然來。她就告訴我選水晶得憑感覺，若是你跟它對上了，就會彼此相互吸引，特別是那水晶會引導你去選它。而我當初還真懵，只會憑外觀去評斷。最終還是有勞這位佛友為我挑了一顆直徑約等於一個兩毛錢大小的滾圓剔透小水晶，價格不匪，值整整一百坡幣！我把小水晶握在手裡，手心涼，內心亦涼。這是我第一回擁有水晶的感覺。

這之後，我偶而心血來潮，也會自個逛逛水晶店，抱個小水晶回家供養，但也純只是玩玩性質，說不上有任何特別的感覺。

猶記西元二〇〇五年，我三度造訪普那奧修靜心營，並在多元大學裡作六個星期靜修。離開之際，我到社區外一些小型水晶店隨意瀏覽。當我看到玻璃櫥櫃裡頭陳列著的各式各樣大大小小的水晶時，便忍不住的伸出手去與它們作近距離的接觸（去感覺）。不想這回我真的是"對上"了，我發覺自己的手竟微微的抖動起來……而當掠過其中一只水晶的上空時，我底手就在那裡止住了且擺動不已，天哪！就是這只小水晶了，它要我將它帶回家呢！這種感覺真是妙不可言。

而最大一宗水晶購買所帶給我莫大的驚喜則是在二〇〇七年的四月。其時我剛從普那回歸島國不久。

這尊水晶成心形，重約二十來公斤，我連抱都抱不起。是由許多大大小小不規則的多邊形小水晶所組成的「簇晶」，成雪白半透明體。

那日當我走進市中心那家專賣有機食物的歐式餐廳以及兼賣各色進口水晶的附設商品店時，我意在選購一個自己付得起而又喜愛的大型水晶。可卻沒想到那店家居然收盤不做了，正在那裡舉行水晶大平賣。我欣喜之餘，忘形的徘徊於各色水晶當中，欲拔不能。我摸摸這個，又抱抱那個，真是愛不釋手。我還記得當我將其中一只造型不錯樣子嬌小的水晶攬在懷里時，它竟在我懷里抖跳不已，那樣子彷彿在說：「帶我走吧，帶我走吧！」然而，或許我跟它缺少那麼一點緣份吧，竟然找不著一個適合置放它的台架……最終我還是很捨不得的把它放下了。後來，我在牆邊走道上發現了這只心形水晶，它被店家隨意置於地面上，不像其他的水晶們那麼幸運，被放在顯眼的地方讓人選購和欣賞。它就像灰姑娘那樣，被冷落在一旁不受理。首先是外子發現它，要我過去看看，「你快過來，這裡有一個更大的呢！」當我走過去看時，它身上正蒙著一層灰，不過卻頻頻向我發出 "訊號"（很明顯的可以感覺到從它身上所散發出的氣場）……。最終我以三千三百三十三元買下了它。它的原價是七仟元。大平賣時店家以四千三百元作標價。我費了一番唇舌才將價錢講成三千三百三十三。我跟那看店的小妹說，「你去同你老板娘說我決定買下這簇晶，不過價格不是四千三，而是三千三百三十三，只因這個數字對我來說別具意義，一來 "三" 代表身心靈合一，二來 "3333" 代表著生生生生，含有著生生不息之意……。」那店小妹於是跑到對面街老板娘開設的另一家 Body workshop 去，過了好一會兒，她又氣急匆匆的跑回來說，「你知道嗎，我們店里那個老師（治療師）說她有預感今天會有人來帶走這個水晶……，我們老板娘已經答應放手了，就你說的那個價錢……。你瞧，我全身都起雞皮疙瘩了，我們那老師的預感真的好靈哦！」小妹一番話說得我也起了雞皮疙瘩！在這之前，我也曾聽說了水晶尋找主人的事，果真如此，那我和這 "簇晶" 可真是冥冥中就已注定好的緣份哪！

話說那個夜晚（也即是二月十八日晚上），「白袍會」之後，我們加上夜課。

阿南達不知打哪兒請來了一尊約莫有一人高大的水

晶來助陣。它比我還高還大呢，我管它作 "水晶娘娘" ，乃因它實在太漂亮太莊嚴了！從它身上所發出的 "光輝" （光圍）直叫人覺得它就是那個得道的智者。

那整個晚上，我們就蒙受著它底加持。它就佇立在室中央，閃閃發光。而我們就在它底四周築成一個大圈圈，隨著音樂，跟著阿南達的指示，跳著舞著。在那間中，我還不住的朝它頂禮、膜拜。我不知自己何故如是，就彷彿有股自然的動力在驅策自己那麼做！這種 "現象" ，就連我自己也無法給自己作出一個合理的解釋，就管它作 "奧秘" 吧！

接著，阿南達又教我們個別站著，閉上雙目，跟著音樂，配合着水晶娘娘的 "加持" ，讓體內的七大能量中心一個接著一個旋動起來！

我但閉上雙目，不去想它的真實與否，就在當下見證著這一切的發生，享受著當下這一刻，實在太美妙了！

也唯有當下這一刻，才是最真實的，不是麼？

最後一堂課（二月十九日）

阿南達問大家對這個課程可有什麼感覺，或者任何收獲？

我坐在那，不是滿腦子思緒；而是腦海里一片空白，少有的空白。

阿南達要每個人在本子上寫些什麼……我對著紙張發呆了好一陣，終拿起筆來畫了一個又一個的圓圈，圓圈裡頭沒有東西，它就好像我此刻的頭腦。良久，我才在圓圈底下加上字幕："What is my direction of life?"，"Where am I?"……最后又分別以右手和左手寫下："What am I?"和"Don't know。"

在集體分享的時候，我不僅腦袋空白，就連帶說話的能力也顯著的遲鈍了。我在與阿南達對話時竟顯得有些兒口吃，但奇怪的是自己一點也不以為意。

我向阿南達透露自己有很多時候（在課業進行當中）都是憑自身的一種"能量感應"去與周遭的事物互相牽動。阿南達聽了頻頻點頭說，「嗯，很好，you got the key……！」（妳拿到那把鑰匙了。）

而另一名日籍男生則報告說他的"內在"經常會出現一些色彩鮮明的影像或風景……而這些"東西"日後竟都在他的生活裡顯現出來。阿南達說，「很好，你也拿到那根 key 了。」

過後，阿南達向我們解釋說通往另一層次空間可以有多種途徑，而我與那日籍男生所獲取的僅是其中的兩種。她希望我們日後能善加利用。

課程完畢之後。阿南達帶領大家去參觀奧修的林園。我沒跟著去，獨自一人留守在教室，只為了能坐在水晶娘娘旁邊好好的沉澱一下自己，想想這些日來所發生的一切，有如幻夢一場！

　　臨別之際，我依依不捨的向水晶娘娘告別。我恭恭敬敬的向它頂禮致謝。

　　與此同時，我一眼瞥見離我不遠處阿南達與維哈凡二人也正雙雙的朝著落地窗外的某個方向下跪頂禮……。

「警覺」密集課程 ── "誰在裡面？"
（Awareness Intensive ── Who is in？）

　　我之所以參加這個課程（從西元二〇〇六年二月廿二日晚至二月廿五日晚，合計三日。）乃是因為自己當年（九十年代的某段期間）曾跟繼聞師父學禪，一開始就接觸到「我是誰？」。只惜對這個「我是誰？」始終沒能好好的將它貫徹，實在有些兒遺憾。來到這裡之後，發現有類似的「工作坊」，專為這個「我是誰」（誰在裡面？）來下功夫，當下欣喜莫名，就決心報上名參它一參了。（參公案之意）

　　這個課程共分三日來進行。它有點像我當年參加過的"禪三"（禪修三日），但不是傳統的"禪三"。傳統的方法是靠個人自己用功專參一個"公案"，而後再由師父來加以肯定。在此我姑且稱它作"靜態"參禪。而我在奧修靜心營裡所參與的卻是經過"改造"的禪三，它是屬於"動態"的，它動員了整個團隊的人一齊努力針對這個「誰在裡面？」（我是誰？）來下功夫！

　　基本上，這裡的禪三"架構"跟傳統的並沒有太大的不同。我們在這三天裡必須留宿在教室內，與外界暫且隔離。我們攜帶簡單衣物前往，夜晚在教室裡打地舖橫三竪四的睡下。一切按照"禪堂"的規矩；除了上課時間，其他時間必須保持肅靜。我們照樣到食堂裡購買食物，然後在規定的地點用餐。只不過得在胸前掛上"In Silence"（肅靜中）的牌子，讓人知道你是在"禁語"中。除了用餐與休息時間，我們得參加"勞作"，如清洗廁所、澡堂，以及洗抹地板等。我們得按時早睡早起，一切有男助導在旁監督著。

　　這個課程的主導老師是拉根德拉。她年約四十開外，格子高挑，皮膚白晰，且留著一頭長而直的髮絲，整整齊齊的披在肩上，一絲不苟。一雙謎樣的眼，叫人無法猜透。她不笑的時候的確很嚴肅，而笑的時候卻又讓人覺得很可親。至於她身邊那位英籍男助導名叫里昂，文縐縐一副書生樣，說話細聲細氣，近乎羞澀，完全一派英國紳士風。英國人是出了名的"傲高"，可我在他身上卻是一點兒也找不著，有的倒是另一種溫柔。

　　我們一班大約有二、三十人，在這三日的密集課中，分秒必爭的用功著；不是個別用功，而是群體一起用功。

　　我們分成兩人一小組，面對面坐著。"用功"之前先靜坐一會兒，然後兩人自行決定誰先開始向對方提問「誰在裡面？」（Who is in？），後由對方來作答。每人約莫有十五分鐘的提問與作答。在這段時間內提問者必須看著對方不斷的發出問題：「誰在裡面？」，有點兒像是在"拷問"。而作答的一方則根據自己所知來回應。

我們並不固定於一個組伴（partner），一段時間過後各自尋找其他的組員來合作。如是，大家都有機會接觸到不同層面的組伴，作不同層次的用功。

我發覺大多數與我合作過的組員對於提問「誰在裡面？」時都會不自覺的供出他們自己的身世、家庭、甚至個人的私事……。對於這些類似"說故事"的答案我也只是聽，不加以肯定或否定。只是間中我會加重語氣，以凌厲的目光逼視著對方，加緊追問「誰在裡面？」。這時被問者就會被我接二連三的提問弄得毛躁不安起來，不知所措，有者甚至當場情緒失控……。這時導師就會趕緊過來勸止我"適可而止"。

而當輪到我被提問時，有大半的時間我回說：「不知」。偶而我會把這只燙手的芋（誰在裡面？）丟回給對方，讓他哭笑不得。再不然，我就會東拉西扯些眼前的事物來應對。僅有那麼一次我大聲的回應：「一隻威猛的大獅子。」，言罷即作獅子吼，那吼聲震動了整間教室！

間中，拉根德拉點了幾個人去問話。我有幸被她點到了。

說是"問話"，其實也不是什麼嚴肅的話題。僅是簡單的對了幾句，讓人覺得輕鬆自在。當她問及我對整體課程的感覺如何時，我說：「嗯，很好玩！（Very

Playful！）」她聽罷笑了笑，不再說什麼。

　　想想人生如戲，能夠游戲人間是一種幸福。但我發覺有大多數的人（包括我自己）都在處心積慮的過著一種異常沉重的生活。所以，不論是演一部輕鬆的喜劇抑或是一部沉重的悲劇都得看個人自己的意願了。橫豎是自導自演唄！

　　當"警覺"接近尾聲時，拉根德拉搬出了「禪宗十牛圖」來測試大家在這三日的密集課程中到底"警覺"到了什麼程度？

　　所謂的「禪宗十牛圖」乃是源於十二世紀，古中國的一位廓庵禪師，他根據一個很古老的道家所繪出的八張圖畫故事，將它重新畫過並加長這個故事而成為十張現今眾所皆知的「十牛圖」。這張「十牛圖」是用十張圖畫來描繪出一個人在找尋一隻失去的牛。他找呀找的終於發現了牠的足跡，在經過很多的努力之後終於捉到牠，並將牠馴服，然後騎著牠回家。

　　根據奧修大師的詮釋：「這個十牛圖是代表一個人的探詢。那個探詢即是人本身。而那隻牛則意味著他體內的能量，那是一個未知的奇怪的能量，而那個能量就是他自己……。廓庵描繪出一個人整個找尋的十張圖，人就是一個找尋。」

　　大師還說，那個找尋從受胎就開始，一直到死為止。

　　而我們現今的這個「誰在裡面？」可說是個經過改

造的「尋牛」新版本。它很強烈，也很強硬，但最終卻是令人狂喜的！

這個我稱之為「十牛圖」工作坊乃根據十牛圖的十張圖畫來設計的，再加上配樂，堪稱完美。

我們整班人以布條蒙上雙目，然後各就各位的站立著。隨著樂聲的播放（由導師在一旁督導著），開始了"尋牛"的旅程（根據那十張圖的描述），從找牛一直到尋著牛，捉牛馴牛，最後帶牛回家。

我不知是否所有的找尋者都順利的找到了牛然後將牠帶回家？

我只知自己最終是找到了；可卻跌跌撞撞的走了許多路，也費了好多勁，最後才將牛帶回家。一走進家園，我整個兒便有如釋重負般的倒地便睡。這一覺睡得好香好甜！

在結業禮上拉根德拉告訴大家：「雖然這次你們當中有人抵達了最頂峰（peak），但這並不意味著他會永遠都停留在那裡……，他還是有可能再掉下來……。所以在此我也只能祝願各位日後多加保重了！」

我想這一切切原都只是個假相，執著不得。

再想想若一個人能夠時時刻刻警覺「誰在裡面？」的話，想不開悟都難了！不是唄？

而這也即是此課程的關鍵所在。

第五能量中心煉金術

（The Alchemy of the 5th Chakra）

　　以上這個課程可說是我在「奧修靜心營」裡所選修的最後一個團體課程了。它也是我向蘇甘多學習的最後一個「能量中心煉金術」課程。這是一個為期五天的團體課程（西元二〇〇六年三月四日至八日）。

　　「第五能量中心煉金術」最終達成 —— 「放下一切信念」（Drop the Beliefs）。

　　所謂的「放下信念」乃指放下個人一向所堅持的某種 "相信" 或者 "觀念"。而這些 "相信" 大都屬於負面性的，它或多或少的影響著一個人的現在跟未來。

　　第五能量中心（The 5th Chakra or Throat Chakra）位於頸部中鎖骨之上靠近喉結處。它掌控著吾人的聽覺，所有的聲音經過耳朵抵達喉部後就被置留在那裡。除此，它亦是傳遞與溝通、發聲、和自我表達創造力（通過思想、語言、和書寫）的中心。它的最大功能是聽命於內在 "最高真我"（Highest Self）而以 "真相"（實相，The Truth）形諸於外。它所呈現出來的顏色是天藍色。藍色代表知性，與 "神性引導" 合為一體。

　　此能量中心的存在意義非凡，是它激勵了吾人尋找「真我」（True Self）的動機。透過「真我」所顯示出來的創造力，再藉此較高層次的創造動力將吾人的現有意識推向一個更高層次的空間。

　　通過第五能量中心，吾人學習了如何去聆聽內在"最高真我"，同時也學習如何去聆聽他人的。吾人學習如何在生活中的各個領域去引導和表達這股創造力，同時透過語言溝通去顯示自己的需求。

　　第五能量中心是一道門，一道通往神聖殿堂之門。

　　然而，欲通過此門卻也不易，唯因它與它以下的四個能量中心緊緊相繫著。除了第四能量中心（Heart Chakra）；其他較低的三個能量中心所曾經歷過的一切"挫傷"皆在此能量中心留下"痕跡"。它們形成了一圈又一圈的"過往經驗"積疊在喉頸部（即是所謂的"頸圈"），由最底層的第一圈（屬於第一能量中心，在喉結之下）開始，第二、第三、第四圈（分別屬於第二、第三、第四能量中心）逐一的疊上去，最後再加上屬於它本身的第五圈。是以，欲通過這道門必得事先清理掉那層層疊疊的負面障礙物，讓受困的正面能量得以釋放，從而恢復此能量中心原有的功能作用。

　　據知當第五能量中心處於良好的狀態時，它將顯示出以下各種特徵： ——

　　（一）將會是一個良好的溝通者，同時也是個良好的聆聽者。

（二）有能力從他人那裡獲取所需（藉著良好的溝通）。

（三）有能力表達自己的獨特性與創造力。

（四）個人的人際關係將建立在真誠的溝通和真實的親密關係上。

而當第五能量中心受到阻礙時，它則有下列幾點特徵：──

（一）或許會變得膽小羞怯，沒有能力去爭取自己所想要的東西。

（二）相信自己缺乏創造力，因而對自己感到乏味，同時也讓他人感到乏味。

（三）覺得自己缺少靈感，與神靈失去聯繫。

（四）因無能表達自己，也無能去取獲自己所需，是以感到格外的受挫和無力。

啓開與清理第五能量中心
（Opening and Clearing the Throat Chakra）

本課程除了利用「聲音」靜心（Sound Meditation）作爲啓動第五能量中心外，還採用了溝通技巧與聆聽，呼吸訓練，繪畫，另外再加上「九種策略」教學以爲清理此中心之用，最後再作有關「信念」問題的探討。

首先介紹「聲音」靜心。（大家一起作）

此靜心是由喉嚨（Throat）自然的發出聲音。每一個能量中心作三次。首回是站著作，次回是坐著作，最後是躺下來作。先從最底下的第一"頸圈"（屬第一能量中心）開始作，然後順序而上作到第五圈（屬第五能量中心）為止。（註：每一個能量中心有著它獨特的音階。）

接下來是作「頸圈」清理。本課程特別著重於第一頸圈（第一能量中心）的清理。由於第五能量中心接收了所有屬於「第一能量中心」的種種被壓抑經驗，從胎兒時期就開始了。而每個人都有屬於他自己的一段痛苦經歷，這些經歷大多圍繞在恐懼、缺乏愛、不被了解、無法溝通等種種問題上。至於有關「能量中心」的清理過程我在本篇章以及上一篇章裡皆已詳細介紹過，在此不再加以贅述。

九種策略

至於「九種策略」教學（9 ways of Strategy）則是七十一歲的老門徒伯萊恩闊別普那十一年之後重訪此地所帶來的特別"獻禮"。

蘇甘多在台上特別為我們介紹了這位老門徒，大家都深感意外。十一年的時間不算長，然卻也不能說短。十一年後重返此地，應是另一番風景。

"11"對我來說一直都是個難以揣測的數字。就說我們賴之以生存的太陽這顆巨星吧，據悉它每隔十一年都會在它的上面來個巨大的核爆炸，讓靠它以活命的小地球爲之而瘋狂！想想這種 "寄日籬下" 的日子的確不好過哪！

真不知伯萊恩此番突然重訪奧修營，又會帶來什麼……。

其實，我首次見到伯萊恩，並非在這講台上，而是在多元大學廣場蘇甘多的「Info-talk」（面談）上。

回想那日。其時我剛完成「警覺」密集課程不久，猶帶幾分餘溫，還未完全冷卻下，便迫不及待的去找蘇甘多 "面談" 了，只因她的「第五能量中心煉金術」已等不及我慢慢冷卻了！

當我見著蘇甘多的時候，不知怎地，竟顯得有些兒情緒激動起來（這或許是我於「十牛圖」中剛找着的那頭牛猶在我體內作怪吧！），只覺自己當時確實有些兒失態……。我這麼斷斷續續的對她說，「我……一直都想讓您知道……，我是受大師的指引來找您的……。我真的很希望您能指引我……，讓我好好的跟着您學習……。」說着說著，我聲調突然變得有點哽咽起來。

「好，好，我知道……」蘇甘多見到我這樣，忙說，「你先別激動，你等等……我找個人來跟你談……」她回過頭去向坐在她身后邊一位年紀比她大上許多的男士說，「伯萊恩，你請過來一下……，她是遜雅，我暫時把她交給你……你好好的跟她談吧！」言罷，即轉身繼續去忙她的「面試」了。

而我就是在這樣的情況底下認識伯萊恩的。

　　伯萊恩是我來普那多次所遇到的一位最年長的助導，他高齡七十有一。身材高瘦，頭髮稀疏泛白，面容和藹可親，身著一襲黑長袍更襯托出了他的仙風道骨！（在社區裡，所有的課程導師與助導在授課時皆著黑色袍。）

　　打自十一年前在普那奧修營完成靜修，伯萊恩便回到自己的國家，"自立門戶"施展所學，專注於"傳燈"的工作。從未想過再返普那，可卻於十一年後心思蕩漾，突興回歸之意……，真是世事茫茫難自料啊！

　　此番故地重遊，多情應自笑，伯萊恩還帶來了他教學多年所自創的一套"煉金術"作為獻禮，令本課程生輝不少。

　　所謂的「九種策略」乃是伯萊恩經教學多年，深入觀察所得 —— 發覺吾人自幼開始，便因了個人家庭背景以及生活環境等等因素，久而久之便形成了個別一套應對環境的"生活策略"。伯萊恩就此將之歸納為以下九種類型：——

　　第一種：施者（Giver）型。此類型有著強大的自我價值觀。他的能量往外走，目標在他人身上，儼然如救世者。

　　第二種：遺棄型（abandonment）。這類型感覺自己為世所遺忘（遺棄），傾向於生活在自己編織的理想天地裡，與外界失去聯繫。

　　第三種：感覺型（Feeling）。這類型時刻記掛著自己到底能做些什麼。他有着"成功人士"的象徵，卻從來沒有時間去"感覺"周遭的事物。

第四種：懼怕型（Fear）。此類型目標指向未來，不安於現狀。時刻怕自己所擁有的不夠多，而想得到更多。時刻想望著一個更美好的未來。

第五種：尋找「安全感」與「獨處」（To find safe and alone）。此類人希望自給自足，較傾向於做為一個完整的自己。

第六種：受「危機」所牽引（Attraction to danger）。此種人時刻想著事情什麼時候會發生，害怕"危機"的到來，想盡辦法從他人身上掘取更多的訊息。

第七種：自虐型（Make oneself tough）。此類人自幼學會自強。傾向於做超常（超出）的事務。

第八種：完美型（Perfection）。此型人致力於把事情做得盡善盡美，認為自己有義務去做好每件事，對自己極端苛求。

第九種：無自我價值（No self value）。此種人沒有很強的身份認同，只祈與周遭的事物和平共處，近乎委曲求全。

伯萊恩就他的「九種策略」學一一加以解說，然後要大家各自從中找出自己所屬的類型。之後輪流站出來向大家講述有關所屬類型的一些"小故事"（以說故事的方式來表達該類型）。如是一來，大家都有機會講自己的故事，也有機會聽別人說故事。在分享彼此的故事當中去對每一類型作更深入的了解，並由中去警覺，再由警覺中抽離。

本教學的目的在於讓人去看清所有屬於這「九種策略」類型；當你覺察出愈多，就愈能從中得到解脫。

至於「九種策略」中的各類型人，皆與能量的"走向"有關。在這當中有一部份人的能量往內壓抑，而大部份人的能量則向外流失。前後兩者皆屬負面性，對於一個能量中心的影響極大，令它無法正常操作。

在集體分享的時候，我有感而說：「我在九種策略當中搜尋著，好似在"尋寶"。結果發現大多數類型當中都有我的影子……。別人有的，我也有；別人找不著的，我卻找著了。為此我沾沾自喜……，想不到這些"寶"原來都是草……我對自己真是失望極了！然而往後想想，若是我把這些草全都捨棄了，最後的"贏家"還是我……不是嗎？」

課堂上所有人面面相覷，不知所云。只有蘇甘多與伯萊恩二人不置可否的笑笑，不說什麼。

這些日來，我知道我這個"問題"學生，確實讓蘇甘多感到頭疼。但我也知道，我並非刻意如此，要怪就怪我裡面潛伏著的那頭"牛"吧！

在課堂上，當集體在作某些「工作坊」時，我因無法好好的配合，總是獨立行事；往往蘇甘多的話還未說完，我就迫不及待的開始行動了，要不然就是提前完成某些指定的東西……。這令蘇甘多很不滿意，忍不住對我發話：「遜雅！請你務必好好配合，不要擾亂大家！」

其實，我內心很清楚自己並非不願配合；而是身體與頭腦在分開行事。頭腦在想著必須配合，與整體一起行動。然而身體卻不受制於頭腦，自發地（Spontaneously）行事。因此才會有此種令人難以理解的事發生。

放下「信念」

最後，蘇甘多教導我們作有關個人「信念」（Beliefs）問題的探討。這些信念（或觀念）諸如以下所舉：──

（一）相信與他人妥協就能解決問題。

（二）認定自己軟弱無能，必須仰仗他人。

（三）認為容忍是一種美德。

（四）相信委曲求全可免遭傷害。

（五）相信強權者永遠佔上風。

（六）認為自我犧牲是一種美德。

……等等不勝枚舉。

我們分二人一小組，分別列出個人所秉持著的一些"信念"，就此提出討論，共同分享。在相互討論與分享的過程中個人身心得到完全的鬆懈；過後感覺到自己好像比較敢於表達了，並能與人作自發性的溝通，這是前所未有的現象。

　　而這也即是本課程通過「溝通與聆聽」技巧，解除個人所一直把持著的一些"信念"（觀念），不再受制於它。換句話說，即是讓正能量得到釋放，不再受到壓抑，同時讓此能量中心回復它自然的功能運作。

三月八日

　　三八令人聯想到國際婦女節，可我在此想說的卻與婦女節無關。

　　三八對我來說是個別具意義的日子。我不僅在那日於蘇甘多那裡完成所學，還在同一日見證了一個死亡的慶祝，一個別開生面的葬禮。怎麼說呢？

　　卻說那日。西元二〇〇六年的三月八日，也即是「第五能量中心煉金術」整個課程宣告圓滿結束之日。

　　是日早課，蘇甘多為此課程作了一番總結，之後集體分享心得。

　　我們每人各自尋找一個組伴（partner）共同分享所得。彼此也為對方作了一張「畫作」以為臨別贈禮。

　　過後，我們每人各自拿了自己組伴的「贈作」在課室裡向每個學員展示並作交流。

　　而我所獲得的"贈作"是一幅「寶劍開花」圖。圖中所呈現的是一枝筆直的寶劍，凌厲的劍削筆直的深植於泥土之中，而劍的上端（劍之柄）則直指天際，且在那上頭綻放出一朵絢麗無比的花來……。此圖意涵著以無比堅定（似寶劍）之心去行靈修路，終有開花結果的一天！（在此我要感謝這位組伴贈與吾如此意義深長的畫作，我謹銘記在心。）

　　當課程結束之際，蘇甘多突然宣佈了一個令人震驚的消息 —— 奧修大師的一名在社區靜修的姪子忽然過世了！

　　大師的這名姪兒年紀尚輕，不幸患有「智障」症，隨母在此靜修多年……。我在社區裡偶見他數次，皆是與母同行，一副憨直的樣子……而今歷歷在目，印象猶深。

　　蘇甘多以無比沉重的語氣說道：「生與死就在一瞬間，教人防不勝防。雖然我自己曾見證過無數次親友的死亡，但至今還是無法接受……。我怕死，我真的很怕死……。只不過，這是一個非常難得的機會……，就在這個時候，你們正好修完此課程，所以我希望大家能借此機會去見證一下這個"死亡"……，說不定它能帶給你們一些意想不到的收獲……。」

　　蘇甘多的這番絃外之音，教人無以抗拒，我想我得親自去見證一下了！

　　「我看在這裡我要請伯萊恩來說幾句了！」蘇甘多突然轉向坐在她身側的伯萊恩，笑著說，「他對這個可是很有經驗的……。」語氣近乎調侃。

　　聽蘇甘多這麼一說，大家都不約而同的把目光轉向伯萊恩，弄得到他好不自在，忙道：「快別說笑了，我哪來的經驗……。」

「你就說出來讓大家一起分享吧！」蘇甘多在一旁催促道。

「其實，這也是一個巧合……，」伯萊恩遲疑了一下，終於說了，「這得從十一年前說起，當時我剛修完某課程，正準備離去，忽然聽說社區裡有某個門徒不幸過世了……。當時我就在想……，這或許是個機會讓自己親身去體驗和見證一個死亡的慶祝……。就這樣，我隨著一大群人去到火葬的地點……，我親眼目睹遺體被放在已搭好的柴架上燃燒……，而我就站在火葬一旁的台階上隨著喧鬧的葬樂不停的跳著舞著……，這是我生平第一次這麼接近"死亡"，與死亡共舞……。我渾身上下充滿著興奮，那是一種狂喜……。」伯萊恩說到這裡，面上煥發出一種少有的光芒，看得我們都傻了。

是日傍晚。七時未至，我就迫不及待的來到大佛堂，和著一大群人在堂外焦慮的守候著。

普那的夜空還是跟往常一樣靜默，並沒有因地面上突然少了個人而有所異。夜空默默地注視著大地，不為其中的喜怒哀樂所動。

八時未至，人群中忽然起了一陣騷動，傳言靈車已將靈體運抵佛堂。我於是隨著人流湧進大佛堂。偌大的佛堂此時並沒有因大量人流的湧入而顯得洶湧澎湃。但見人流自動排開分兩側站立，默默迎接亡者的到來。此時奏樂聲跟著響起，大家開始跳起舞來……。每個人臉上都漾著一股激光和喜樂，完全見不著一絲悲傷之情。

與其說這是一場告別會，不如說它是一場慶生會！

生即是死，死即是生。生生死死，死死生生……

生與死只不過是生命形式的轉換罷了。

是以生何足喜？死又何足悲？生與死只不過是一個錢幣的兩面，生死原本一體。

這是一個非一般的死亡慶生會。亡者安詳的躺在那裡接受人們的祝福。

我們將玫瑰花瓣紛紛灑向亡者身畔，給予最後的祝福……。

靈體再度被移到柩車上。

步出社區，我們隨著載送亡者的"花車"穿過普那繁忙的街道一路往火葬場的方向行去。

我緊靠著花車緩緩而行，一路上印度樂聲震天價響個不停。我時而望向花車上仰臥着的亡者；渾身包著一層亮麗的印度式"壽衣"，面上濃裝艷抹，乍看之下似是在沉睡中……，一點兒也不為周遭的吵雜聲所動。我禁不住伸手一根手指頭悄悄地按了一下亡者裸露在外的豐腴的手臂，嗯，是冰涼的，猶帶彈性……。我趕緊又把手縮了回來，生怕驚動了他……。

放眼四周，是一片舞動著的有如水蛇般的紅色浪潮（門徒個個身着紅袍）。

我隨著浪潮向前湧進……

終於抵達火葬場了，我心不由得一陣緊縮……這還是我頭一遭參與如是令人心悸的葬禮 — 非一般的火葬。

　　之前我所參與過的皆是至親的"土葬"；我親眼目睹親人的棺木從柩車上以粗大的麻繩綑綁後被吊秤車緩緩吊下約莫有兩人高的深坑裡……，那種從此陰陽兩隔，生離死別的情景……，致使我往後每見"棺木"便不寒而慄，對它產生一種莫名的恐懼感……。我怕死亡，我怕見到棺木。

　　火葬用的"木架"是搭建在數層階梯以下的一個空曠地面上。觀禮者就站在四圍的階梯上觀望（唯有至親好友准許站在靠近火葬木架旁的階道上）。由於是在夜晚，燈光黯淡，是以看得不是很清楚。那木架看似有一人高度，木條錯綜有序的交織成一張"火葬牀"，四周則置放了燃料。

　　我就站在階梯最上一層的地面上。雖是正對著火葬點，然尚有一小段距離。而我前後左右以及四周也都擠滿了人，此時萬頭攢動，我唯有從頭與頭的夾縫中勉強張望。

　　我目睹著亡者被抬上"火葬牀"，安置好之後，工作人員開始在木架四周澆上燃油和著香料，跟著燃起一把火，整個木架牀頃刻間便為熊熊烈火所包圍……

　　熊熊火焰直衝天際，配合著震耳欲聾底印度樂聲，此時四周的人群就像發了狂似的舞動起來！烈火燒紅了半邊天，也順帶地把每個人的臉都給映紅了！

　　我怔怔地往"火葬牀"的方向直望……亡體很快地

便爲烈火所吞噬……。我聽說人在去世之後會釋放出大量的能量……後以能量的形式回歸天地，再次成爲天地的一部份，就像一滴水滴落海洋那樣。這種再度回歸整體，回到家的感覺真好……。我這般想著，身體不自覺的跟著舞動起來……舞著舞著，隱隱約約的感覺到自己的一雙手正受著某種氣流的驅使而往上移升……

　　一整個夜晚，我就忘形的對著亡靈歸天的方向跳著、舞著……，直至火焰逐漸平息下來，最終僅剩得點點紅星在跳躍……。

　　我望向四周，人潮已不知於何時退去，僅剩寥寥無幾。看看腕錶，這才驚覺夜半已過夜漸涼，慌忙召了一輛嘟嘟車，匆匆離去。

　　一路上，我猶自情緒高昂的與那司機高談著火葬場的情景……。

　　回到居所，換下所有衣物，把自己從頭到腳徹底的清洗一番，這才放心的上牀就寢。

　　哪知躺在牀上，成夜翻來覆去，就是無法入眠。滿腦子映現的盡是火葬的情景；此時此刻非但沒有了恐懼，也沒有哀傷；有的是莫名的亢奮……。

　　隔日。蘇甘多邀約大家（所有參與第五能量中心煉金術的學員）在密拉餐廳會晤。這或可說是最後的一個告別總結吧！

　　我依約前往。

　　沒想蘇甘多一見著我劈頭便說：「嘿！昨夜我在那

裡看到你跳得可起勁了，好像整個兒就快跳進火堆裡去了似的！」我聽出話中有話。

「差不多啦！」我笑著說，不加以否認。我想有些東西就算我不說出來她也已知曉，此時此刻我與她彼此心照不宣。只是沒想到她原本說不去參加葬禮可最終還是去了。

臨別時，我擁抱著她說：「真謝謝您了！我會常常念著您的。我也會好好的看住自己（我指指自身），不讓它失控……，就好像天平秤那樣，當它傾向左，我就往右移些，當它傾向右，我就往左移些……。您說這樣子好麼？」

「好吧，有什麼問題就寫信給我吧！」她輕拍我底肩。

我雙手合十向她致最後謝意。

沒見著伯萊恩，我有些許遺憾；只因心中有物未能與他分享……。

兩個「個案」

　　我來普那靜修前後共計四次（包括這一回在內）。每回來這裡，除了主課，我總會選些「個案」作為輔助性課程，一來以為身心平衡，二則藉之以鬆懈自己。

　　以往我所選擇的大都屬於"按摩治療"個案；然而這一回的「個案」卻與往年有異……怎麼說呢？我想還是它或多或少給了我一些"衝擊"吧！

「個案」之一：「氣功」個案

　　我之所以選擇「氣功」個案完全是為了好奇，想知道它到底能提供給自己一些什麼……？

　　我經常看到那位教導氣功同時也教導太極的老師，每天清晨總在大佛堂舊址（舊的大佛堂被拆除後所遺留下的一塊空曠地，而今被利用來從事各類型的活動。），免費教導氣功和太極，吸引了大批學員。（一個星期裡分別以不同的天數教導不同的東西。）不論是氣功抑或太極，其"招式"與方法看起來都像是他自創的一套"動功"，它與一般傳統的東方武功截然兩樣。它看似輕鬆活潑卻有其艱辛嚴謹的部份。我嘗試去上過一堂氣功課，之後就再也沒去了，倒不是知難而退，而是他那裡的上課時間不符合我，而我大多數的時間都在趕早課。

我也經常看到那氣功老師在社區裡走動，卻不知他所任何職。只見他身著一襲黑長袍，步履輕盈，眾裡來，眾裡去，恰似天邊一片獨雲。就像大師所說的那種"身處於世，而胸中無世"，予人以一種超然脫俗的感覺。

我對他心存一絲好奇，也帶著幾分仰慕。

某日。就在多元大學廣場的佈告欄裡，我無意中讀到他所提供的「氣功」個案，不由得怦然心動，當下就決定拿下他的這個「個案」課程。

就這樣，我報名參加了三月九日的「氣功」個案課。時間是從中午十二時至午後一時許，前後整六十分鐘應該可以滿足我的部份好奇心吧，我想。

那日，帶著"無事一身輕"的心態我到多元大學廣場赴約去。

坐在多元大學廣場"會合處"（meeting point）所提供的一排椅子上，我手裡拿捏著一張大學登記處所發給的一小張參加「個案」登記字條，我等著，帶著一種難以言喻的心境。

三月春陽漸暖，尤其到了中午時分，更顯得有些兒燥悶。陽光透過枝葉灑落在我臉上、手上、以及衣襟上，照耀得我全身熱呼呼的，真有些兒消受不了！

　　就在這個時節，一個高瘦的身影突然飄現在我底眼前……我下意識的瞄了一下腕錶，嗯，分秒不差，真太準時了！

　　這位氣功老師說話不多。經過彼此稍作介紹（原來他俗名就叫瑞恩），他便領我穿越社區裡的羊腸小徑，轉轉折折，終來到他作「個案」的地方。

　　這是一幢座落在林蔭深處，環境甚是幽雅的大樓裡，就在大樓裡的其中一個房間。（每個個案導師都會事先預定一個房間作爲個案課用。）

　　瑞恩直接引領我走進大樓，接著走上一段轉折樓梯到了二樓，在一個轉角裡專門置放"房鎖"的地方拿了房門鑰匙，這才得已開門入室。

　　進門之後，他示意我先坐下。然後爲我解開謎底 —— 向我解說他的「氣功」個案。

　　隨後又說，「我這人最大的興趣就是利用"氣功"爲人解讀他體內的能量流動狀況了！」

　　聽他這麼一說，我這才恍然大悟。正好自己也可借此機會探測一下自己體內的能量流動狀況，何樂而不爲？這回可算是找對了「個案」，碰上對的人，沒白來了！

　　正這麼想著，卻聽得他在一旁催促道：「來，你過來這裡先躺下……」瑞恩指著室中央一張早已備好的療牀。

　　我懜然，望着他，再指指自己身上所穿著的那一襲厚實紅袍……這樣行麼？

他笑了，「嗯，就這樣子，行了！不必換……。」

上了療牀之後，瑞恩教我如何作深呼吸以配合他的氣功運作。

接著，他開始以手運氣在我軀體上方遊走，從下到上，再從上到下，時左時右。我則邊作深呼吸予以配合，他氣運到哪兒，我的呼吸就跟到哪兒。

他很滿意於我的合作無間，連說：「很好，很好！」

就此這般測探了好一段時間。最後他說：「真太好了！你體內能量充沛，真是少有呵……。至於那Energy（能量）的流動狀況……我也感到很滿意，跟你合作讓人覺得很舒服！」

作完能量閱讀。瑞恩據實相告：「坦白說，你體內能量的流向已經到達這裡了……」他將手移升到我的肩頸部位，邊比劃邊說。

聽他這般一疊聲的 "讚歎" 著，我有點不自在，但也感到很欣慰。畢竟自己一路來的辛苦用功總算沒有白費！

「然而，抵達這裡並非終點……，」瑞恩接著說，「你還是要繼續往前邁進的，但前去此路不易行……」說到這裡，他猶豫了一下，方又接下去，「不過，儘管如此，只要你有信心，堅持到底，終會抵達目的地的。要不這樣吧……，就讓我來教你作 "第三眼" 的靜心

（Third Eye Meditation），這對你會很有幫助的！」瑞恩主動提出教我做"靜心"，讓我頗感意外。

　　"第三眼"乃指第六能量中心，它位於兩眉之間。而到目前為止，我在多元大學裡所修習到的也僅止於「第五能量中心煉金術」（跟蘇甘多學習），似乎還找不到有提供「第六能量中心煉金術」的課程……，為此我深感遺憾。

　　猶記西元二〇〇五年的三月，也是差不多這個時候，我懷著同樣輕鬆愉悅的心情去參與一個叫「Star Sapphire」的個案。當時也是帶著一種近乎探索的心境去赴約。我在那裡作了個"內在男人"（Inner man）和"內在女人"（Inner woman）的個案探試，結果堪稱滿意，兩者達到一個平衡點。

　　只是，在談話中那導師無意中向我透露了這麼一個訊息：「在這個社區裡，一般的靜修者最高也僅能達到第五能量中心……，似乎沒有人再超越這個了！……」

　　我當時聽了心裡也沒感到任何的不對勁；可現在想起來不由得打從心底裡湧現一股涼意……看來真的是前去此路不易行哪！

　　要是大師他老人家還在的話，這情況會否不一樣呢？……我想著想著，想到入了神；卻不知瑞恩早已在一旁開始口授他的"第三眼"靜心術了！

　　「首先，身體平臥，然後雙腳向內弓屈，雙手則交叉置於腦後。左、右兩手的拇指分別按壓在腦後左右兩邊耳垂下方與頸間的凹陷處。然後開始作連續性呼吸……」瑞恩口授至此，見我沒動靜，不由得頓住了，說，「對不起，是不是我說得太快了？讓你沒跟上……」

「呵，不，是我沒聽好，對不起……，」我一下回過神來，忙道：「您請繼續吧！」

唔……他稍作停頓，復又從頭開始再說一遍（這回我可不敢再分神，步步跟進。），然後接下去，「先由背部尾椎骨開始，先吸進一口氣，後讓氣順著整個背脊直上頸部，再上至頭頂端的第七能量中心，通過此中心，讓氣直下到額頭的第三眼處，再往下通過鼻孔將氣呼出。似此這般重復作數次，大約作上十分鐘。」說到這裡，他稍停了一下，看看我有沒有做好，最後才說，「作此靜心可幫助開啓第三眼，且有平靜身心的作用，可於每日清晨練習。除此，你也可去參讀「The Book of Secrets」一書中有關第三眼的靜心，那裡頭有很多種方法……。」（該書乃奧修大師所著。）

謝過瑞恩，告別瑞恩 ── 這位我一直都敬仰著的氣功老師。

步出大樓，走在羊腸小徑上，我耳邊不住的迴盪著瑞恩師的話語：前去此路不易行，但只要你有信心，堅持到底，終會抵達目的地的。

然而，這世上能堅持此道至最終的究竟有幾人？

我抬首問天天不語；雲兒笑我痴。

「個案」之二：「按壓釋放」個案

顧名思義，“按壓釋放”就好似一般的按摩舒解和釋壓，其實不然。

在參與了蜜拉的「按壓釋放」個案之後，方知並不是那麼一回事。

原本也只是想在臨離開普那之際，好好的作一個全身按摩治療，以慰勞一下自己那“任勞任怨”的身軀。是以當我在佈告欄裡見到有關“按壓釋放”的個案時，就即刻爲它所吸引。

及至在多元大學廣場見著該個案的導師時，我着實意外了一下；來者竟是一位年齡約莫五十開外，笑容可掬，風姿綽約的美婦人！

她就叫 ── 蜜拉。

蜜拉與我一見如故。我們很快的便熟絡了。我由衷的喜歡上她身上所蘊涵著的那股具有神秘家色彩的迷人氣息。

我隨著蜜拉到了她的工作室。

坐定之後。她隨即爲我解說有關她的「個案」。

跟著，我就像平日裡在作“按摩”治療那樣，除去外衣（僅著一件內褲），再蓋上一層薄被單，躺在療牀上，邊調節自己的呼吸邊等候一段“未知”的開始。

室內燈光幽暗不明。不知怎地，我忽然有種待在產房待產的感覺……。

（註：當作按摩治療時，治療師與被療者雙方都得事先做一個短暫的靜心，並調整氣息，如是以達到一個定靜的狀態。）

蜜拉終於開始她的療程了，我則邊作深呼吸予以配合。

我閉上雙目。感覺到她底一雙巧手在我的軀體上探測遊移，似是在尋找著什麼。我最初的期待是一種放鬆和壓力的解除。可沒想到間中卻引來陣陣的痛感和不適，我不由得哀叫失聲……倒也不是我哪兒被她壓痛了；而是一種說不上來的來自內在的隱隱約約的痛……總之，沒辦法說清……。

蜜拉見到我這樣，忙安撫我：「你忍耐著點……，很快就會過去的……。有什麼你就儘管發洩出來吧……這樣，受堵的能量才能釋出……。」

蜜拉毫不放鬆的繼續為我按壓舒解，我唯有在一旁“哀聲連連”。忽而，感覺到有股氣堵在我胸口，而後又堵在我喉頭，它令我感到窒息……。

「我受不了啦！……」我大聲的哭叫起來。

「好了，好了，就讓它出去吧！」蜜拉邊說邊以手引導我將這股氣給“豁”出去。

「啊……！」我當下慘叫一聲，只覺得頭額上突被一陣強光罩住，就像是在白日裡的大太陽底下。

我軟綿綿的躺在那裡，任由強光照耀著……。此時此刻，睛空萬里無雲，我心一片澄明。

只聽得蜜拉在我底耳邊喃喃道：「好了，寶貝，一切都過去了。」

她緊緊的摟著我，就像是在抱著一個初生嬰那樣。

而她就是那個接生婦。

四度告別普那

說是四度，倒不如說那是我最後一次向普那道別。

卻道那個午後，自蜜拉處走出來，時候已不早，約近五時許，日照已西斜。

很想找個地方獨處，很想靜下來，重新定位自己。但結果還是信步走到食堂，先將空腹填飽再說。

飽食一餐之後，正想到社區裡的墓園（奧修爹娘的墓園）坐坐，不想這時天色突然大變，颳起一陣強風。這是少有的現象。

我抬首望向天空，呈土黃一片，連帶大地也給映照成土黃色的。土黃色的人間世，還真是稀奇。我來普那四次，這還是我頭一遭見到這樣的情景，真覺有點不可思議。

我於是快步急行離開社區，絲毫沒有留連的機會。

從社區的後閘門走出去，還得走上好一段路才到寓所。一路上雷電聲不絕於耳，驚天動地，著實嚇人。

回到居所。土黃色的雨終忍不住沒頭沒腦的傾盆而下，夾帶著狂風咆哮。

我望着天空，仍然不敢相信這一場戲劇性底雨。

遇見同房室友，我半開玩笑的說，「嘿，有人悟道了！」

他不明所以。

我指指天空，說，「這就是徵兆！」

他笑了，「或許吧！」

我一下子想起了大師的侄兒，夜昨的葬禮。

隔晨。也即是二〇〇六年的三月十日。天色猶自昏暗。我悄悄地離開了普那。

就這樣，我悄悄地走了，不帶走一滴土黃雨。

第 七 篇
回歸獅城靜修散記

妙手回春陳醫師

　　話說二〇〇六年的三月，當我從普那回歸獅城，沒多久即發覺自己竟患上了「腰椎骨間軟骨性圓盤變位症」（Slip disc）。至於自己為何會得此症，因素不明；許是自己在勤練高爾夫的某些動作時不慎受傷；又許是在普那參與多元大學的團體課時，為配合課程所需作了太多劇烈性的運動所致。

　　其實，早在離開普那之前，我就已發覺自己的左腿側有些兒不對勁了，特別是小腿的部位經常麻痛，而至左腳趾頭亦經常發麻……。我也常忍著痛楚從社區步行回返住處，可心底裡就從未想過事態的嚴重性，還以為那只是一時的勞累所致。

　　及至回到此地，方覺察出情況並非我想像中的那麼簡單。先是發現左側整條腿由上至下（從臀部開始）由於刺痛程度的加劇而無法站立；行走時整個身體向一邊傾斜而呈 S 狀，並發出咯咯的聲響，彷彿全身的骨頭即將散開來似的……，叫人悚然不安。漸漸地發展成夜寢難眠，每當睡下一雙腿真不知該往哪兒擱方不致引發全身神經性的疼痛，就這樣輾轉反側至天明！這下子才真正體會到什麼才叫"折磨"，那種可以磨人至死的滋味了！

在不明所以的情況底下我四處求醫；包括了跌打醫師，中醫的按摩治療、針灸等等。然而都不管用，徒增痛苦罷了。其後承蒙一位球友的介紹，幾經折騰我終於找對了人 —— 一位我視之為"救命恩人"及"神醫"的陳醫師。

陳醫師是一位傳統的中醫師。早年畢業於中醫學院，其後又赴中國學習骨科，以及中醫藥學研修。

我視陳醫師為"神醫"，乃是因他具有異於常人的敏銳觀察力，以及擁有一雙異於常人的神奇妙手。

陳醫師年齡看上去約莫有五十開外。他的診所就設在裕廊東。所作的治療包括了正骨手法治療、脊柱、小關節半脫位、運動受傷、膝關節疼痛、以及腰椎間盤纖維環破裂等等。尤其精於膝蓋疼痛、腰椎骨間軟骨性圓盤變位、及運動創傷。

在我開始走訪他的那段期間，他的診所一個星期開放七日，星期一至五從早上十時至晚上八時，週六及星期天則開放至午後三時。診所幾乎日日爆滿，排隊等候的時間從半個鐘到兩個鐘不等。所以欲找他診治可非易事，端得瞧你等候的耐力了。

然而，撇開病者等候的時間不說；令我感到驚訝的是陳醫師的驚人耐力，他可以一整日不停的為病患按壓治療而毫無倦意。這是我至為欽佩之處。

　　回想那日，也即是二〇〇六年下旬的某一天。當我一腳踩進他的診所，就為那鬧鬧轟轟的場面所震驚⋯⋯。這時，有一位善心的瘦小女子正和她身邊的友人談得起勁，看到我一副驚惶失措的模樣，便騰出她身旁的一小方位讓我挨著坐。我當下謝過了，隨即好奇的問：「你們都是在排隊等候啊？請問你排第幾位？你後面的人又是誰？」

　　「嗯，不是我看，是她看，我是陪著她來的！」她指指她身旁一位體態稍為豐腴的女人。

　　「喔⋯⋯，對不起，我弄錯人了！」我連忙道歉。

　　「沒關係。」她笑了笑，接著說，「其實，我已來看過好幾回了！不過，今天是陪人家來⋯⋯。」

　　「哦，原來是這樣⋯⋯，」我緊跟著問，「所以你現在已經沒事了？那你覺得他怎麼樣？」我指指正在裡間忙著診治的陳醫師，細聲的問，想問出個究竟來。

　　「嗯，很好。他真的很了不起！」她答說，一邊豎起一根大拇指頭，一邊繼續她的故事，「當初，我也不知自己是得了什麼怪病⋯⋯全身沒有一個地方不痛，我感到很害怕，很無助，到處去尋醫，走遍全島都找不到一個能治好我病的，我以為自己得了絕症，就快死了⋯⋯。可是，天無絕人之路，終於碰到貴人相助，介紹給我這麼一位好醫生，我的病總算是得救了！」

　　探聽之下，原來她的病情竟和我的差不多，這一來，更增加了我來此求診的信心。

終於輪到我看病了。

我掀開布簾，一頭鑽了進去。

陳醫師的診所佈局非常簡單。診所辦公的地方兼等候室與看病的地方僅是一簾之隔。簾子以內診治的地方僅擺放一張單人療牀，它幾乎佔據了整個狹窄的空間。

陳醫師看病不用任何工具；僅靠一張巧嘴爲病人解說病因及病情，還有就是靠他底一雙妙手爲病人作出準確的治療了。我想正面牆上掛著的一幅草楷：「妙手回春」該是他最貼切的寫照了！

當我進入看病室時，陳醫師正背對著我以紙巾和消毒藥水揩拭療牀的一端，準備給下一位病人用。（陳醫師的診所並無另外請人幫忙，全靠他一人運作。）然而他很快的便轉過身來對著我笑了笑：「什麼事？」單刀直入地。

「啊？……」被他突如其來這一問，我一時結巴了，不知該從何處道起，想了一會，方說出自己哪兒不對勁以及如何個痛法，希望他能盡快爲我診治。

「其實，你不說我也已看出是你的腰背脊第四、第五椎間出現問題了……。」他很快的接著說。

「什麼問題？您是如何知道的？」我不可置信的反彈。明明痛的部位是在腿跟腳，這跟背脊又有何關係？我一時想不通，也不敢相信。

「從你一路走進診所我就已注意到了……。」原來他是站在簾子裡邊往外探視外頭來來往往的求診者。那道簾子的高度僅及他肩膀，以方便他顧及外面的人群。
「從你的肩膀在走路時傾斜向一邊，以及你走路的姿
勢……，我就可斷定你是腰椎出了問題……。」他不疾
不徐的接下去說。

嘩！真是太神了！我暗自吐了吐舌，不敢再說什麼。

緊接著，他叫我躺上療牀，翻轉背朝上。一語不發
地便朝我腰間第四、第五椎拿捏按壓正位，一邊為我解
說，「這是因為你的第四及第五椎間軟骨盤變位突出，
因此壓到背脊神經所引發的病症……。病情一般可大可
小，那得看你如何受傷了。通常是跌倒摔傷或意外傷；
甚至打球、作運動都有可能會受傷；特別是高爾夫球員
更是容易受傷，我的病人很多都是玩高爾夫的……。」
我一邊听他解說，一邊扭曲著一張臉痛苦的在那大喊大
叫；那種痛真個是錘心錘骨，無以形容。最終我崩潰
了，大聲的哭了出來……！

外子在一旁見了，慌忙勸止我：「瞧你！忍著些
嘛，外邊的病人都被你嚇跑了！」

「不要緊，能發洩出來總比忍著好……。」陳醫師
的確深明病者的心，令我感激不已。其實，我當時不僅
僅是痛徹心扉；更多的是內在的恐懼和無助，還有絕
望……，正好借此機會一拼發洩出來！

"正骨"完畢。接下來就是調整受到影響的筋絡；
包括了腰臀部及腿部等。

經過一連串的診治之後，我當下如獲大釋，全身頓

感舒暢無比，有如再生。

然而，這可也不是一次即過，往下的日子還得靠我自己作"苦功"才行，沒人幫得了我！

陳醫師隨即又教我如何作強化背脊肌肉的運動。每日作，偷懶不得。此運動的目的在於讓椎骨兩旁的肌肉結實鞏固起來，如是將椎骨固定在本位，不再輕易變離。他說一副健壯的脊椎通常看起來必須是骨椎兩旁的肌肉厚實隆起，而居中骨椎的部份凹陷形成一道溝狀。

陳醫師的治療不包括任何藥物或針灸，唯靠復健運動。日日作，勤勞作，作到好為止。好了之後繼續作，就當它是一項保身運動。

只不過，他的治療有個禁忌，那即是：凡已動過手術"做了手腳"的病患他不能醫，沒辦法醫，愛莫能助。唯因那個原本屬於身體的部份組合已被切除掉了，再也無法回復；就像拼圖少了一角，再也拼不成了。

陳醫師也不贊成服食藥物或用藥，說藥物是化學性的，是非自然物。它危及身體，對身體有害。更不贊成為人開刀作手術，他說動手術只有使身體成為非自然的，於事無補。他還說那些手術大夫動不動就給人開刀，以為只有開刀才能解決問題。而一般上似乎手術作得愈多的醫師就愈成名，愈贏得人們的肯定跟信任。這真是一種社會怪現象！

在開始作復健運動的那段日子，的確很不好過。我差不多每兩個星期就得向他的診所報到，讓他重新正位調整。唯因作復健運動並不能及時見效，得花上相當一段時間方有望將骨椎兩旁的肌肉養起來，爾後變結實。是以在那一段時間裡（約莫有一年左右），我都在緊咬牙根，忍受生活中的種種不便和煎熬……。然而，秉著當初在禪林繼聞師父那裡作禪修時所學到的禪林精神 —— 「只是去做」（只專注於作復健運動，不作他想。）；還有奧修大師在世時所經常教導的：「一百巴仙去做、全然的做。」（全神投入做復健）。就這樣，一年下來，我底病情漸趨好轉，恢復了七、八成。兩年下來，我開始過正常的生活。

至今，我運動照作，從未停過。只因它已成了我生活當中不可或缺的保健運動。

只是，不知怎地，我總擔心陳醫師的這門 "絕藝" 有朝一日會失傳……。

某日。在看診的當兒，我試探著問：「陳醫師，您可有傳人或徒弟……？」

「沒有。」答案簡單直接。

「難道您不擔心您的東西往後會失傳？」

「沒法子，沒人學得了，」他無奈地，「這種東西是沒法子教，也沒法子學的！」

「哦！……」我總算明白了他的意思。

正是：天賜絕技不可傳哪！

一段回顧

之一：花葩山下陳道師

打從九十年代開始，我即對"內在探索"這個一向在高度商業化的大都會裡被視爲極端冷門的領域感到興趣。

然興趣歸興趣，總得要有個開端，這真是萬事起頭難呵！由此我遂聯想到「靜坐」與「冥想」……。

在無人指引之下，我先是通過外子一位友人的介紹，跟陳道師學習丹鼎派道家氣功靜坐。

當時，陳道師的道場就設在花葩山腳下一個僻靜幽深的角落裡。周遭寂無人，就只他一間破舊簡陋的沙厘頂木板屋佇立在草叢中，看似違章建築，煞是有趣。

記得第一回我去他那裡報名學習的時候，第一眼見著他就直覺此人有種"凜然不可侵"的樣貌。聽說他已年近七十古稀，可卻面色紅潤光滑，看上去頂多五十來幾罷了。

陳道師的道場設計簡單。前廳是會客室，一側牆上供奉着太上老君老子的畫像，供人膜拜。兩旁側分別設

有煮食間和休息室。後廳（內廳）則擺滿了一排排的椅
子，供修習者靜坐用。室內無冷氣設備，只裝了風扇。
沙厘屋頂雖隔了一層天花板，可還是酷熱難當；特別是
在燥熱的午後，驕陽猖狂跋扈，這時就有如置身於一個
大烤箱內！

　　靜坐分兩段時間進行。一是在午後，另一段則在晚
間。爲方便，我還是選擇了午後。靜坐時間自由，初習
者通常是一個小時左右。只有那些"老修"才經得起久
坐。道師和他的助手會在一旁巡視，看看時間差不多了
就會讓你起坐離去。

　　「守竅」和「內觀」是道家靜修靜坐的二大重要法
則。修練方法在於打通任、督二脈六關。任、督六關是
人體的重要部位。任脈在前，督脈在後。修練通關的程
序是先通督脈後通任脈（前後共六關）。督脈後三關分
別是尾閭關、夾脊關、和玉枕關。任脈前三關分別是泥
丸宮、絳宮、和命蒂。

　　至於靜坐方式，不論盤足或自由式皆可。最要緊的
是輕鬆自然，不可過於嚴肅或緊張。而我在陳道師那兒
靜坐是坐在椅子上進行的。我覺得這比盤腿要好得多，
少了幾分緊繃和不適。只不過要在大熱天裡燜在一個大
蒸籠裡靜坐守竅，到底不是一件易事！

　　記得那日我上門去拜見陳道師的時候，他就這麼告
訴我：「你來我這裡學習，一般爲期是三個月。三個月
內我保你任、督兩脈皆通……，而你只需交一次學費。

至於三個月後你可照常來這裡靜坐學習，不必另外繳費。」

　　我想：這敢情好，三個月後還可照樣來學習，不另收學費……。只是……要在三個月內打通任、督兩脈，這可能嗎？我不太敢相信，也不敢指望。不過，我還是報名參加了。

　　就這樣，我在陳道師那裡苦苦坐了三個月。彷彿有點成績了……，同時我也聽說有人在靜坐時會出現種種狀況……。而我的"狀況"則是某回在家中暗室裡靜坐時，身體突發一環白色電光，全身而上而下循環閃爍不已……似此突如其來的"狀況"令我久久無以忘懷！

　　然而，我始終沒跟陳道師提起這件事。

　　三個月期滿之際，陳道師以手掌心運氣在我頭頂端的「百會穴」上按壓，說是為我灌頂，打通任、督兩脈。然而，或許是我的感應較為遲鈍吧，始終沒能感覺到之前與之後的我到底有何不同？！

　　以上即是我第一次學習道家靜坐的經驗。

　　而陳道師和他的道場，畢竟是我在內在探索旅程中的一個起點，並非終點，它非我久留之地，最終我還是離開了這個地方，繼續往前摸索……。

之二：泰北山間七日修

　　在一個偶然的機緣巧合，我在報章的廣告欄裡一小角處讀到了奎妮所刊登的一則訊息：她在招募團員一齊到泰北作靜修。

奎妮自稱自己是一名瑜珈老師。每年都會在年終聖誕節過後帶團出城作靜修。

我就是在這樣的情況底下，隨她和她的團隊到泰北的清邁某山間寺廟作七日靜修。

在那裡，我接觸了另一種全然不同的靜修與靜坐經驗。那是泰國傳統佛教寺廟裡所教導的一種靜坐修習。它利用了靜坐時觀想水晶球來達成身、心、靈的淨化。

在那七日修裡，除了晨、昏時刻有一小段時間是聆聽廟裡的住持或大和尚開示、講道外（講的是泰語。由於大部份的參與者都是本地人，外地人僅佔極少數，是以不加翻譯。），還有就是日用早、午兩餐以及間中的休息時間，其餘的時間就是用來靜坐了。靜坐有專人指導，講的是英語，以方便外地人學習。平均一日約坐七、八個小時，分三個時段來進行。第一段是在早上，第二段在午後，第三段則在晚間。

記得首兩日，我非常的不習慣。既要觀想水晶球，同時又得盤腿坐在那專為打坐而設計的硬板凳上。幾個小時下來，全身非但酸痛不已，一雙腿也變得好像不是自己的，已經沒感覺了！

然而，沒想到第三天，我居然能夠定下來了。有些時候，我感覺到自己的身體離開椅面，浮懸在半空中……。而又有些時候，覺得自己的身體不見了，成為一透明體浮在半空中……。而至起坐時，非但沒有任何不適，反覺整個人精神奕奕，且能量充沛，全身舒暢無比！

就這樣，我在泰北清邁的山上寺廟一連坐了七日，成了半個仙人。七日之後下山入城，又即刻被打回原形，變回了凡人！

原來山上與山下，竟然有著那麼大的區別。不過想想，山下人若能偶得浮生半日閒，到山上去作作仙人調劑一下自己亦未嘗不可。

只是，我並不甘於永遠作個山下人！

之三：珍妮其人其事

卻說我在泰北山間靜修的那七日裡，結識了同團一位名叫珍妮的佛友。

這珍妮是個熱心人，平日裡就喜歡幫助、和開導人。她年紀尚輕，已婚。不過，卻有段不尋常的遭遇。

原來，在這之前（已經過去六年了）她不幸患上了子宮癌，當發覺時已是癌症末期。醫生告訴她只有六個月的存活時間，並建議她即刻開刀拿掉腫瘤，或許還有一線希望亦說不定。然而，她並不因此而感到氣餒和絕望。她堅持不開刀，想自創奇蹟醫好自己的病。她說當時也顧不得痛苦和難堪了，挺著個有如懷孕般的內藏腫瘤的大肚子，由老公陪著，步伐艱難的四處去求醫。她可不是去尋找西醫或者中醫；而是誠心誠意的四處去走訪名寺廟。每至一處廟，必一步一跪拜的從廟外拜到廟內，以示己身的一片虔誠。那廟裡的高僧、長老都被她感動了，紛紛為她唸經祈福、消災消難；自然也教她一些誦經和靜坐療法的竅門。之後，她雙管齊下配合以飲食療法。自那時起，她排除一切肉食，改為純素食，大部份是有機食物，以清淡為主。她說有人告訴她吃葡萄有助於治療，她信了，便單食葡萄試試，沒想到真的奏效了。這之後，她便改為只食葡萄。幾年下來，她底病情逐漸受到控制，腫瘤也漸漸縮小，身體自然也好轉了。這不能不說是個奇蹟！連醫生都不太敢相信。

珍妮說自她病癒之後，便能見到一般人所見不到的事物，而這大多與另一空間有關。

她說，「這些東西經常在我周圍出現……，但我並不感到害怕，他們並未對我造成任何傷害……。他們接近我是有所求，要我幫忙解決一些難題……，而我都儘可能的去幫助他們……。」好一個古道熱腸的珍妮，助人不分界限，難怪她是那麼的受歡迎了。

之四：與禪林結緣

我之與禪林結緣，全憑珍妮的牽引。

話說在她患病的那段期間，曾到禪林去找繼聞師學禪、坐禪。也曾在烏敏島結夏安居（禪修）三個月。

後來，由於始終無法接受禪修的某些修持法，如：「無」，「無我」，「我是誰？」等等。特別不能接受「無我」這個概念，她說，「明明有個我，為何要搞至無我呢？那是很可怕的！……」

就因如此，她離開了禪林，離開了繼聞師。

不過，當她聽我提起想找個師父學禪時，便又即刻的把繼聞師介紹給我。爾後又驅車親自帶我去到禪林拜見師父。

以上即是我與禪林結緣的一段因由。而有關 "這段緣" 我已在最開始的篇章裡 ── 「尋牛人語」之「我與禪林一段緣」中有著很詳盡的描述，於此不再贅述。

之五：眾裡尋他千百度　無水無月會大師

我在禪林前後待了約莫有四年。終於西元一九九九年，在一次的偶然，我翻閱了奧修大師的一本書 ──「沒有水，沒有月亮」，就這樣，我 "背棄" 了禪林，毅然投奔普那奧修大師的營地……，至此，我的 "找尋"（找尋師父）也終告一段落。

我找尋大師，前後歷經十年。大師生前，我無緣以拜見（大師於西元一九九〇年離開他的身體）；十年之後，我才得已憑著他老的一本書走向他，拜在他不在的「在」腳下。

十年的時間不算短，但也不是很長。我自認自己還真有幸，能在這樣一個不是很長的時間裡面，一個無人指引的情況底下，確認這樣一位師父。

我走訪普那奧修的營地前後共計四次。就為了能更進一步去接觸大師所遺留給後人的珍貴教導，以及親自去感受大師那不在的「在」。

　　而在最後一次（西元二〇〇六年）當我離開普那（大師的營地）時，我心裡這麼想著：「我來此尋找大師，我親近了那不在的「在」。大師引我去"尋牛"，我終於尋著了。接下來的"馴牛"工作就得靠我自己了。」

　　既然尋著了牛，我想我該帶牠回家好好的馴服了。（註）

　　我想這也是大師所樂意看到的事；他希望他的門徒能成長、能獨立。他不希望他的門徒把他和他的營地當成是永遠的依靠。

　　註："尋牛"乃是出自廓庵禪師的「禪宗十牛圖」。奧修大師對此詮釋說：「這個十牛圖代表了一個人的探詢，那個探詢我稱之為人！那隻牛意味著你的能量，那是一個未知的奇怪的能量，但它就是你……。廓庵描繪出一個人整個找尋的十牛圖，人就是一個找尋。」

靜坐騎牛且觀照

歸來的那一段日子，有好長的一段時間我無法打坐（靜坐），就爲了背部腰椎的問題。

自從我接受陳醫師的治療之後，他嚴格的規定我生活中的許多細節；如上半身必須保持挺直，不得隨意躬曲（我還爲此特地去買了一件"護身甲"將上半身牢牢的給套住，讓它動不得也彎不得！）。還有，不准坐在柔軟的矮沙發上，只准坐在高度適中、能夠支撐背脊的硬座椅；而睡要睡硬質牀褥等等。而至其他多種運動也都被禁止了；如玩太極拳、高爾夫、跑步、登高等等。就連我每日必做的靜坐（盤腿坐在地上）也在被禁之列。

是以在最初治療階段的那一整年裡，我什麼都做不了，唯獨可作背部復健運動。偶而，我也偷偷嘗試在高背硬座椅上坐一會兒，然終因腰背酸疼不堪而放棄……。爲此我感到非常喪氣，生怕自己因無法照常靜坐而中斷探索之路……。

直至某日。我無意中在書店裡翻閱了一本書 ——「訊號的隱密語言」（The Secret Language of

Signs）。這是一本引導你如何去詮釋時時刻刻在生活中出現的一些巧合事件或者訊號的有關書籍。這引起了我的興趣，也轉移了我的注意力，不再執著於"靜坐"一事。我開始在生活當中去尋找，去發掘一些不經意在我周遭發生的"事件"或者"訊號"……。然後再根據書中的指引學習如何去詮釋它們，看它們到底想告訴或顯示給自己一些什麼……。我把每日觀察所得一一記錄下來；一來就當它是自己生活中的一個指引，二來則培養自己的觀察力和警覺心。

這樣一直等到西元二○○七年的四月。我終又恢復了靜坐。不過不是盤腿坐在地上，而是坐在高背椅上，讓背部得到適度的支撐。至於靜坐時我不再強制自己該做些什麼；我只是隨意放鬆的坐著，只要背部覺得舒適就行了。我一反往常的態度，不再給自己設下任何的目標去追隨。

我只是靜靜的坐著，面對自己，真實的自己。

我採取「觀照」，觀照一切的發生，包括外在與內在。我讓頭腦思緒紛飛，我讓身體自然擺動，我讓周遭的事物自然發生，我讓……。

我且觀照。

觀照使我成了「第三者」，它間接產生了一種層次，不再與周遭的事物認同，包括自身。

就像做「拉提漢靜心」那樣，我只是坐著，放鬆，等待……。（註：拉提漢靜心乃是奧修大師所設計的一種靜心技巧。拉提漢是「自發性」的意思。你本身無爲，而讓每一樣東西都留給神性來運作。）

我只是靜靜的等待，讓一切自己發生……。

而我僅是一個觀照。

而靜坐、騎牛、觀照……就是這樣。

我只是坐著（無爲）；讓身體自導能量做靜心（騎牛）；而我只是個觀照（第三者）。

我也終於明白了大師所說的：「本身無爲，讓每一樣東西都留給神性來運作。」

與此同時，我也嘗試「祈禱」。並非真的希望有個「神」來相助，而是藉著祈禱以讓自身能與那神聖的（或說整體）相融合，就像一滴水溶入海洋那樣。當你成爲整體的一部份，一切自有整體來領導，來運作。而你只須跟著整體走，讓祂一路引導你到彼岸。這也即是「祈禱」所帶給我的一種特殊意義；特別是在無人（無師）指引的情況底下，我更需要有這樣一股至上能量來引導我，讓我將自己付託給祂，毫無置疑地跟著走。

是以，有好幾年的時間當我做靜心時往往都是敞開自己去接受那冥冥中的無上能量，讓它帶動我走向另一層次空間。而我所作的靜心則大多集中於體內「七大能量中心」的修習與提昇，特別是第六和第七能量中心。這或可說是我在普那所學習過的「能量中心煉金術」的一個延續吧！我感到非常的欣慰 —— 我雖是離開了大師的營地，回到自己的地方，可卻還有天地、以及浩瀚宇宙的無上正能量來支持我、輔佑我，爲我引路。

藉著「觀照」，我試圖將所發生的一切"經驗"記錄下來，以供日後參照，或與人分享。我於是日日記，勤勞記，一點一滴的記，從西元二〇〇七年直到西元二〇一〇年。從一開始的每日密密麻麻一大篇直到後來的只有簡單數行字；再往後就只寫了一行字：「靜坐，觀照一切發生。」；最後乾脆畫個「圓」交待了事。這樣到了西元二〇一一年，我索性將"筆記本"束之高閣，不再寫了。

何至如是？

我想要怪就怪我的"腦袋"實在太不爭氣了！開始的時候還能記下好多細節，可過後就退至僅能記下一些，再往後就完全不行了，無從記起……。最終我唯有選擇放棄！

不瞞您說，過後（一段時間之後）當我再次拿出那些"筆記本"來翻閱時，竟不知內中所記爲何物……，更甭說從中去解讀那些細節，以及所發生的一些過程了。

我感到很震驚，也很挫折。

這下子我才發覺自己的"腦"竟是如此的貧乏無知和不自量力，竟然企圖去記下那不可被詮釋的……。

至此，我才真正的了解什麼是"不可言傳"的……。而那些可以被說出口的也僅是「指月之手」罷了。

　　所謂的 "妙不可言" 正是如此這般的奧妙不可言說。

　　而靜坐、騎牛、觀照 —— 就是這般的妙不可言。

人間淨土

什麼是「人間淨土」？

或許有人會說：「這人間哪有淨土？就算有也是虛構的。君不見人間到處皆是烏煙瘴氣麼？」此話說得也是。

這人間哪有淨土？有也是屬於精神層次方面的。即如：心淨國土淨。不是嗎？

在這裡，我所謂的「淨土」乃是直接與「能量場」掛鉤，一切取決於該地方是否具「能量場」以及它所給予我的感受。

再說人體本身就是個能量場。或者也可以這麼說那個「能量」就是你，而你就是那個流動著的能量。其他什麼都不是。這也意味著「能量」偶有虧損或流失的時候，它需要得到補充，也即是所謂的「充電」。常聽得有人說，「唉，我累得快不行了，須要找個地方充電才行！」即是此理。

而這"充電"可以有多種途徑。最一般的就是選擇出外旅遊；一來可以增廣見聞，二來借此機會充電。話說得沒錯，但往往都是事與願違，大多數的人並沒因旅遊而得到好處，反而是玩得一身疲累歸來，甚至還害了病，真可謂是賠了夫人又折兵！但話又說回來，倘若你能好好的為自己設想一下，找個好去處，那敢情是一椿美事。

以往我選擇出門旅遊，就是像上頭所說的那樣，不是去"散心"而是去"勞心"。

未出門之際，便已傷盡腦筋在收拾行李上，跟著還跑了數趟圖書館去借來有關的旅遊資料，事先研習一審，還連帶地作了筆記，就像是要去趕赴一場科舉考試那樣。

出了門之後，抵達目的地，即開始忙著核對該處是否與自己所搜括的資料相符合。待一坐上旅遊車，便又一路忙著洗耳恭聽當地導遊作介紹，一邊作筆記。

那導遊每講一句或數句，便停下來問一句：「明白了嗎？」（記得小時候在學堂裡聽老師授課也是這樣的情景。）

偶爾，導遊還會發出一道問題：「有誰知道這個嗎？」

若是有人對上了答案，他便說，「嗯，很好，你們這一趟出來都作了充份的準備，不是嗎？其實應該是這樣的，要不，不是白來了嗎？」接著又說，「我就曾碰過好多你們那一帶地方來的，一問三不知，唉，還是不說了……。不過，每當我說到哪兒吃或"哨兵"（shopping）時，立刻就有許多回應……。呵，沒關係啦，出來旅遊，開心就好，有錢就花，就當作是為這個地方作點貢獻……不是嗎？哈哈！」（我們真是如他所言這麼沒文化嗎？我愕然。）

　　而每當他在講述一個地方的歷史跟地理背景時，車內有大部份人都東歪西倒的睡著了；而每當他突然停止“講課”，大聲疾呼：「各位各位，請注意車窗外左手邊（或右手邊），那是 XXX……」於是即刻就有一整排的獵像機對著車窗外發出喀嚓咯嚓的聲響。

　　就是這樣，「拍照」成了旅遊最大的主題。

　　所以每到一處景點，那導遊必定讓大家過足拍照的癮！而他自己則站到一旁去稍作喘息。

　　就是這樣，旅遊不是為散心，而是為了拍照。旅遊不是為增廣見聞，而是為了拍照作紀念。旅遊不是為了“充電”，而是為了拍照給人看，順便自己看。

　　“拍照”把你和景物之間的距離給拉遠了。你與它之間隔了一層紗，彼此得不到能量上的支持，你將它“真實”的一面給遺忘了，自然也沒辦法從它那兒得到什麼。

　　而景物就是這樣讓人給隨意糟蹋的！它的存在已沒有了任何意義。再加上人為的破壞和環境的污染，更加速了它的衰敗……。

　　是以，有幾年的時間我都是在做這種無謂的旅行，跟著一大隊人（旅遊團）東奔西走，走馬看花，四處造訪名勝，很有野心地想將世界各個角落的名勝一網打盡。可結果呢還走不到幾個地方便已累得不成人形，開始對這種極度耗費體力與精力的趕鴨式旅遊感到厭倦，不免重新思考「旅遊」的意義。

然而，我卻也不否認那些年跟著團體跑的旅遊確曾給過我一些意外的小驚喜跟小收獲，從而讓我重新探討旅遊對我的意義。

就說西元二○○七年的「九寨溝之旅」吧！途中在拜訪某山寨時，經過一處神壇，是當地人用以敬天祈福的。祈福的方式是擊鼓上香而後禱告。擊鼓意在通天，與上天取得聯繫。

只聽得那個導遊說：「你們有誰願意祈福的，可在這裡上柱香祈個福！」

我一時心血來潮，率先站了上去。那廟祝在一旁為我擊了三聲鼓，並遞上一束香。我手握一束香，香煙繚繞，隨著鼓聲，漸飄漸遠……。上有渺渺蒼穹，下有遠處若隱若現雪山環繞……不知怎地，我竟毫無來由的當下悲泣失聲！……這是我的第一次"通天"經驗，沒有多餘的言語禱詞，有的是更深一層的接觸，它令我心絃悸動不已。

事隔兩年，也即是西元二○○九年的四月，我又跟團到了西班牙和葡萄牙。

在西班牙境內的巴塞羅那市（Barcelona）。

在巴塞羅那市郊有一座山叫蒙色勒聖山（Monserrat Mountain）。這座山造型奇特，全憑大自然的鬼斧神工。山上有個修道院就叫蒙色勒修道院（Monserrat Monastrey）。它是由眾多的小禮拜堂和歸隱道士的洞居所組成。這座修道院內供有一尊黑面聖母瑪利，至於聖母瑪利的臉為何是黑色的，不得而知。雖有諸多猜測，但我寧可保持不知。這或許就是它的奧秘之處吧，我想。然而奇特的事並非止此，就在修道院進口處的大殿堂內，正中央的地板上有一塊類似"八卦"圖的巨大圓形彩磚。它分內外兩層；內層較小，屬核心，不著任何圖案；而外層則着有看似海洋生物般的彩繪。

　　據那當地女導遊說這塊巨大圓形彩磚並非一般的室內裝飾，它自有它的"詭異"之處。據說當你走進它的"圓心"處稍作逗留，即可感覺到一股奇妙的力量湧自圓心內部……。

　　她說自己也只是聽聞，並未曾試過。不過每回帶客人來，都會說給他們聽，讓他們自己去嘗試是否真如傳聞所言。

　　聽她這麼一說，即有一名女團員躍躍欲試的立刻走入圓圈裡頭站著，看看有啥反應。可站了好一會，卻是一點動靜也沒有。她無奈的攤開雙手在那擺來擺去，邊擺邊說，「沒有咧，什麼都沒有！……」

　　接著又有幾名團員跑進去試，可都沒結果的又走了出來，面上掛滿失望。

　　我在一旁好奇的看着，心想它或許需要另類的溝通方式方能把那"東西"引出來吧！

　　我這麼想著，一腳踩進圓心裡，攤開雙手（手心朝上）站立著。然後輕輕閉上雙眼，以準備接收天地之氣的姿態等待著，就像平日裡在做靜心那樣，我只是放鬆的等待著……。

　　我等待……，可不到一分鐘，我的雙手開始微微地顫動起來，接著那個抖動慢慢擴散至全身……，直至全身激烈的震動起來！我努力的平衡自己不讓身體失控倒地，那女導遊見狀慌忙過來扶我一把，我推開她，一邊叫道：「不要拉我，讓我自己來！」我繼續那個震動……，跟著我又發覺自己的整條右腿被一股強有力的力道給捲住了，很明顯的它是發自地心，且異常強烈，彷彿欲將我的整條右腿給拖下去……

　　至此，我想這個"遊戲"也該告一段落（我已明白它到底是怎麼回事），我於是運氣止住自己不再抖動，再次回到現實中來……

　　所有的團員都以一種怪異的目光看著我，我不加理會的走向女導遊，鄭重的向她道歉：「適才對妳無禮，真對不起！……我沒事的，妳不必擔心。」

　　女導遊笑了笑，說：「沒關係，我只是不知該做什麼好……。」

　　回程中，我對她說了：「這裡很寧靜，能量場也很強，是個靜修的好地方。有機會的話，我會再來！」

　　然而，我卻再也不曾回去探訪我心目中這塊"神奇"之地。

就上述的兩趟旅遊所分別給予我的小驚喜跟小收穫，讓我給自己日後的旅遊重新劃定。我選擇了 "自遊" 式的（不跟團）的尋求心目中的 "淨土" 之旅。

印度（India）東北聖土遊

西元二〇一〇年年終，我到印度東北一帶。在新德里（Delhi）、傑普（Jaipur）、勿戴普（Udaipur）、卡久拉或（Khajuraho）、以及瓦拉那西（Varanasi）幾個地方遊走。不過，卻把重點放在瓦拉那西（Varanasi）和離瓦拉那西十公里外的一個叫薩納（Sarnath）的小鎮。原因是奧修大師在他的一本書中曾提及瓦拉那西（又稱卡錫（Kashi））這個極富宗教性的地方；而薩納則是當年佛祖初試鶯啼（第一次說法）的聖地。

瓦拉那西（Varanasi）

瓦拉那西是個很古老的印教聖地。它看起來彷彿比地球還要老。根據古老的傳說，印度民間所信奉的 "三神一體" 中的毀滅之神（濕娃神）和喜馬拉雅山神的女兒帕娃蒂共結連理之後就看中了瓦拉那西這塊福地，而選擇在此定居。所謂的三神，分別是創造之神布拉瑪、保存之神維蘇、和毀滅之神濕娃。由創造到毀滅，之後再重新開始另一輪的創造，如此週而復始，這正是宇宙大自然所呈現著的一種恆常規律。而恆河，這條偉大的聖河，它就在瓦拉那西城邊流過。這條神奇的河，它日以繼夜的在執行著它那神聖的任務 —— 為無以數及的生者與死者做潔身、淨化的工作。

話說兩千五百多年以前，當佛陀在菩提伽耶成道時，曾說了這麼一段話：「我將到峇拉那斯（Banaras，即當今的瓦拉那西）去點燃一盞燈，然後將光帶給這個世界。我將到峇拉那斯去敲響鼓聲，讓它將人們震醒過來。我將到峇拉那斯去教人們佛法。」就這樣，佛陀來到了瓦拉那西，在它那迷宮似的曲折迂迴的街道上行走過……。除了佛陀，還有其他的許多聖者都相繼在這古老的城市裡出現過……。而今，昔人已乘黃鶴去，唯獨瓦拉那西安然無恙的留下（它雖屢遭異教侵犯但卻很快的又被建立起來）。不過，聖者雖逝，但他們所留下的精神典範，和內在的生命之流，以及從他們身上所累積下的特有的芬芳……，這一切都被卡錫（瓦拉那西）給完全吸收了保存下來，因而得已讓此城從這亂世中分離出來，突顯出它所擁有的"形而上"的獨特的一面。除此，它也為自己塑造了一個"永生不滅"的形象，以及擁有屬於它自己的個性。

然而，儘管卡錫擁有著以上諸多的優越背景和獨特形象，只惜我乃膚淺之輩，當我在永生不滅城的街巷裡行走時，始終無法感受到它頭頂上所攜帶著的那頂光環……。

就這樣，我穿越大街小巷，來到了恆河畔。

河上霧正起，更添幾許寒。

　　我坐上扁舟，遊蕩於恆河之上。

　　恆河長又長，生死兩茫茫。放眼觀岸邊，生死一線牽。生者忙生計，死者忙升天。看似不相干，實則一線上。生死僅隔鄰，片刻不分離。

　　我遊蕩於恆河之上。

　　恆河水正涼，更添心頭寒。掬取一掌水，我往額上沾。但願恆河水，喚醒愚痴人。

　　儘管卡錫（瓦拉那西）不曾給我太多預期的驚喜，可我卻在恆河畔找到了足以讓我心動的原素。我見證了恆河岸邊的生與死。我親眼目睹了恆河岸邊生者與死者緊密的連繫著，兩者之間僅隔一道籬。生者在一邊營營碌碌的過他自己的活，而死者卻在另一邊舉行火葬忙著升天。死亡對於住宿在岸邊那些活生生的人來說也僅是他們生活當中的一個小插曲，一件極為稀鬆平常的事，有如柴米油鹽般不可少！

　　是以，生何足喜？死又何足悲？

　　生的背後是死，死的背後又是生。生與死不過是在吾人生活當中輪流上演罷了。

　　瓦拉那西就是這樣一個富有著民間生活色彩的神奇古城。我本為尋找佛陀以及諸位聖賢所留下的足跡而來，不想它卻為我展現了現實生活中最為真實的一面 —— 生與死；創造與毀滅。

薩納（Sarnath）

　　離開永生不滅城瓦拉那西，我繼程前往薩納（Sarnath）。

　　若在瓦拉那西與薩納之間作個比較，前者是個背負盛名的至聖之城，而後者只不過是個寂寂無聞的鄉野小鎮。

　　據說佛陀當年成道之後，滿懷壯志的從伽耶（Gaya）來到峇拉那斯（Banaras），也即是瓦拉那西，想在這裡弘揚佛法，可卻得不到應有的敬重與歡迎，於是只好離開峇拉那斯獨自前往薩納（sarnath）與他的五個同道會合，在那裡一起作靜修。也即是在薩納這個地方，佛陀首次向他的同道們宣揚他的佛法，名為「轉法輪」。於此同時，又接收了他的第一個俗家弟子 —— 一名來自瓦拉那西的商人王子。之後，這名弟子又引進了他的家人、朋友來作為他的門下弟子。由於門徒人數漸增，佛陀於是在薩納成立了他的僧院並設定了僧院的體制。之後即開始他漫長的四十五載的傳道生涯，奔走於周邊各個王國傳揚佛法。他的佛法受到廣泛的接受和歡迎，許多有錢的贊助人和支持者都紛紛來到薩納修建僧院和舍利塔；同時也有大批的僧人齊集此地修習佛法。薩納自此成為了一個備受矚目的佛教中心，前後長達一千五百年，直至公元十二世紀。

　　話說在佛陀積極周遊列國傳道的那段漫漫生涯裡，

他的心時繫在薩納，並沒有因此而忘記這個他所喜愛的
"鹿園"（又稱鹿苑，薩訥的別稱。）。鹿苑一如他的
出生地藍毗尼（Lumbini）、他成道的地方菩提伽耶
（Bodh Gaya）、以及他涅槃的所在地古希那伽
（Kushinagar）；它們都是他所喜愛的靜修之地。每當
雨季來臨，有四個月的時間他都會待在薩納做靜心，享
受絕對的單獨。

只惜好景不常，天有不測之風雲。一一九四年，穆
士林教入侵，佛陀在薩納的僧院遭受到嚴重的破壞，掠
奪与焚燒令整體僧院毀於一旦！佛陀的心血就此付諸東
流！

是以，自十二世紀始，佛教在印度的地位開始走下
坡，而薩納這個曾一度是佛教的重地也逐漸爲人們所淡
忘……。

然而，老天到底有眼。六百多年過後，於一八三四
年，沉寂多時的薩納終爲一名英籍考古學家所發掘，部
份佛教文物和舍利塔再度出土與世人見面。而佛陀也再
次出現在印度的歷史和文化遺產的保留行列中……。

佛陀對此種種遭遇也僅報以拈花一笑。

當我在廢墟（佛陀僧院舊址）中徘徊時，正是：殘
垣斷瓦倍凄凄，火燒痕跡猶歷歷。當年盛景隨煙消，南
柯一夢不可尋。縱有三兩僧侶席地坐，昔日風華喚不
回！

我在廢墟中駐足了好一會，始終感覺不到有任何的

生命之流……。我底一顆心是緊縮的無奈。待走出廢墟，一顆緊繃的心忽又鬆了開來，原來在廢墟的一旁還立著一尊活生生的幾近完好的舍利塔 ── 據說那是佛陀當年第一次佈道之處。

　　剛好遇上一群遠道而來的僧侶跟信眾正繞塔誦經徐徐而行，場面莊嚴。我遠遠尾隨於後，雙手合十，以另一種方式去接觸那不在的「在」。我感覺到自己的身子在微微的抖着，一種莫名的激動發自內心……我顛動而行繞塔兩圈，便悄然退出，只因那強大的氣塲快令我承受不住了！

　　離開薩納時，我悄悄的對它說：薩納，我來了，我走了，不帶走一片磚瓦。我不遠千里爲你而來，卻空手而歸！

　　這該是最完美的結局。

不丹（Bhutan），最後的香格里拉！

　　在喜馬拉雅山腳下的幾個國家當中（喜馬拉雅橫跨南亞六個國家），除了印度、西藏（我前後去了兩回），我接下來最想走訪的就是尼泊爾了。至於不丹，卻是連想都沒想過。

　　卻說西元二〇一〇年，那個爲我籌辦印度東北遊的旅行社，社裡的一名小姐就這麼對我說了：「等你去了印度回來，下一趟一定要去不丹喔！我保證你去到那裡一定會很開心，很快樂！」說罷，還讓我觀賞了一些充滿歡樂的圖片，後又接著說，「這些都是我新近帶人去時所捕捉到的一些畫面……。這地方真的很不錯，值得去！」聽她這麼說，我開始有點心動了。

　　然而，不丹這塊 "樂土" 可也不是那麼容易讓人進去踩踏的。首先，凡欲造訪該國的旅客，都必須繳付所謂的 "人頭稅"（即入關稅），且按日計算徵收。后憑此人頭稅單據在當地機場的關閘處領取簽證。（據悉這筆人頭稅收乃歸不丹國家所有，充當社會福利金用的。）除此，乘搭不丹班機還得繳交一筆為數不少的機場稅。不丹只採用它自己國家的航空班機，外航一概不准進入。而且限定一日一個班次。是以，欲飛往不丹還得在設有不丹航線的地方轉機。就以上所說的種種設限，就足以抑制人口的流入了，而這也間接的達到環保的效果！

　　就這樣，在二〇一一年的五月，我讓這旅行社為我安排了不丹 —— 中央山谷地帶（Central Valley）之旅。

　　我們（我和外子二人）所乘坐的星航班機由獅城出發，到曼谷逗留等候轉機。在曼谷機場旅店住了一宿，次日一大早即轉搭不丹國航班機飛往不丹西部唯一一個設有機場的巴羅（Paro）城市。

　　巴羅機場距離巴羅市約有六公里。它是建在深谷中的巴羅河岸之上，海拔 2200 米。而環繞在它的四周則是海拔 5500 米左右的高峰，是以這個機場被認為是這世界上最具挑戰性的一個機場！

　　當飛機順著山勢作低飛式的斜向飛行俯衝向谷底時，我往機窗外一望，心裡不由得暗自驚嚇，一邊佩服那機師的超凡駕術！

　　在巴羅機場的關閘處領取了簽證，我們都鬆了一口氣，終於可以踏入不丹這塊樂土了！

　　步出關閘，只見一個皮膚黝黑，格子高瘦，年齡約莫三十歲左右的年輕人，手舉一面牌子（上書吾二人的名字）站在一旁等候著。我向他揮揮手，他便快步的迎了上來。這名年輕導遊就叫志旺仁靖。他身著一襲色彩鮮麗的傳統不丹服，有點像女生穿的那種直統蓋膝連衣裙。腳下著的則是雙及膝的長統黑襪以及擦得油亮的黑皮鞋。我從未見過一個導遊作如是盛重裝扮的，不免好奇的盯住他看。志旺被我瞧得有些兒不自在，咧開嘴笑了笑，露出一排雪白的整齊的牙。

　　彼此作了自我介紹之後，志旺便帶領我們去乘車。那是一種表面上看起來相當硬朗且專走山路的大型日式車，司機就恭候在駕駛座上。我們同他打了個招呼，他顯得有些兒腼腆，且不知所措。原來他不太懂得英語，專靠志旺替他作翻譯。是以我們也就不為難他。這司機跟志旺倒是挺配對的，同樣地也著一身傳統不丹裝。他年齡稍大，大概四十左右吧，格子稍矮，一副誠實老靠的樣子。他與志旺兩人站在一塊，一高一矮，再加上一身傳統的不丹服，看起來既滑稽又有趣，而他倆就是我們整個不丹行程中最佳的搭配！志旺講得一口流利的英語；他讓我想起了二○○七年當我在西藏境內旅遊時，也是碰上像志旺這樣一個年輕的導遊，英語說得棒極了。不丹國內除了有它自己的國家語言外，英語則是所有學校都採用的媒介語，是以大部份的不丹人都會說英語。

天浦（Thimphu）

我們並未在巴羅市停留。上了車之後，直接前往不丹的首都天浦（Thimphu）。天浦是我們此行的第一站。它位於不丹的西部。此區有多條河流注入印度境內。而天浦市就座落在四周盡是樹林的美麗山谷中，順著小山丘斜臥於 Thimphu Chhu 河岸邊。（Chuu 意即河。）

天浦雖然貴為不丹的首府，可與其他亞洲國家的首都城市相比，它也只能算是個小城鎮罷了。它沒有一般大都市的繁華與喧鬧，有的是屬於它自己的那份樸實與寧靜。自 1974 年對外開放以來，天浦市也逐漸在進步中，走向城市規劃及擴展之路。該市現今不單擁有寬敞的公路設施，並且設立有交通管制（據說在這之前，它還是這世界上唯一一個沒有交通燈的首都城市呢！）；還有銀行，旅店，餐館，文化學院，體育，大眾媒體，以及其他傳統的 Dzong，僧院，和舍利塔等等設施。然而，在保護生態環境（包括河流與森林）和維護一片淨土的大前題下，它的未來城市發展還受著一定的限制！

　　儘管如是，天浦自有它豐富且迷人的不丹文化色彩。例如「保壘式僧院」——不丹人稱它爲 Dzong（Fortress Monastery）的建築即是此城最具特色的地方。它是不丹國王在首都的行政辦事處，同時也是中央僧院總部。Dzong 的設立不只是在天浦這個地方，全國其他省份的主要市鎮也都設有 Dzong。它在早期是用來防敵侵略的，而今則搖身一變成爲宗教中心以及從事各類型的非宗教活動。

　　離開天浦，我們一路向東行去，途經浦那卡（Punakha）、保濟卡山谷（Phobjikha Valley），最後進入汶當（Bumthang）省份。汶當是我們向東行的最後一站。

浦那卡（Punakha）

　　浦那卡（Punakha）距離天浦（Thimphu）約 72 公里，車程約需三個小時。浦那卡地處海拔 1200 米之上，冬暖夏熱。不丹兩條主要河流，Pho Chuu（父河）和 Mo Chuu（母河）都流經浦那卡市。

　　Punakha Dzong（浦那卡保壘僧院）可說是浦那卡市內最爲突顯和重要的一座建築物。它就座落在 Pho Chuu（父河）和 Mo Chuu（母河）的交界處。相傳公元八世紀的時候，Guru Rinpoche（根本仁波切）曾預告有一年輕人名叫 Namgyel 的將會來到一座樣似 "睡象" 的山，之後就在那睡象的鼻樑上建了一座 Dzong。爲了實現這個 "預言"，後來，不丹的第一任 Shabdrung（統領）就委託了一名叫 Zow Balep 的木匠師於 1637 年在這裡建了這座 Dzong。它是不丹的第二座 Dzong，又被稱爲 Pungthang Dechen Phodrang（Palace of Great Happiness 或極樂宮）。

浦那卡曾一度是不丹的首都，而浦那卡 Dzong 則是當時不丹政府的行政所在地直至西元 1955 年。之後不丹首都遷往天浦（Thimphu），浦那卡 Dzong 就演變成中央僧院總部冬日的駐紮處。（據聞這座雄偉的 Dzong 前後歷經六次大火和一次地震的襲擊。）

浦那卡保壘僧院謝絕參觀，也不准許攝像。我們於是繞道去看父河和母河，那來自雪山的河。隔着一道河看僧院，別具一番風味。河岸邊上垂柳依依，而僧院四周則植滿了渲染着一片紫的花樹，時值春日，紫紅燒上半邊天，更顯得此時的她真是格外的迷人！這也難怪浦那卡保壘僧院會被議爲不丹全國最引人注目的 "Dzong" 了！

離開浦那卡，我們繼程前往保濟卡山谷（Phobjikha Valley）。

保濟卡山谷（Phobjikha Valley）

從浦那卡到保濟卡山谷，車程大約三個半小時。保濟卡山谷是不丹境內少數幾個令人嘆爲觀止的自然森林景區之一。據說每年的十月份至翌年的三月，約有三百多只的黑頸鶴（Black-Necked Crane）從西藏飛來此地過冬。當我們驅車行經黑頸鶴保護區時，志旺帶我們下車去參觀"鶴鳥研究中心"。在研究中心的正前方是一大片空曠的草地，每年的冬季鶴群就在此聚集，盛況空前，吸引了大批的觀鶴人到此觀賞它們作各類的"造型表演"。只惜我等來的不是時候，時值春暖季候，鶴們都飛回北方的老家去了，正是：「此地空餘黃鶴樓，黃鶴一去不復返！」不過，志旺說尚有一只受傷的鶴飛不走，還留下療傷哪！我們於是興緻勃勃的藉著研究中心的一台望遠鏡，讓志旺先調整焦距尋找鶴蹤。志旺不愧是個尋鶴高手，很快的便找到了，說是就在正前方數百米外的一個矮灌木叢中出沒覓食呢！可我左看右看，就是什麼也沒看到。折騰了老半天，好不容易才見到有一小團黑影在那移動，不是很清楚，就此罷了。其他的也僅能從研究中心牆上所懸掛著的那幾張"鶴照"慢慢去揣摩它真實的樣子了。

觀罷鶴研究中心，志旺本想途中另外安排一小段森林徒步讓我們品嘗一下不同的旅遊方式。然而老天不作美，竟下起毛毛細雨，天色也突然暗了下來。志旺只好取消原定計劃，提前送我們到住店去休息。

趁著天色尚早，我們趕緊披了一件厚外套（晚間氣溫驟然下降），也顧不得綿綿細雨了，撐著傘到舍外林間小徑漫步去。正走著，忽聽咫尺外一陣鴉啼，其聲宏亮無比，劃破靜寂長空。我抬首，驚見數只碩大昏鴉在不遠處的樹叢中鼓噪著，見著我們，拍拍翅膀刷地一聲便飛走了。喜馬拉雅鴉果然有別於平地鴉，體積至少要大上一倍，且身材魁梧，有鷹的架勢。叫時聲音宏亮如鐘，石破天驚，蒼勁有力。不似平地鴉，叫聲有氣無力，令人聽了很喪氣，如喪考妣，覺得很不吉利！

是夜，我們就睡在這山谷中唯一的一幢旅舍，真正體味了「周遭寂無人，靜聽松子落」那種與世隔絕的感覺。

次日一早，我們便依依不捨的離開了保濟卡山谷，繼程前往汶當（Bumthang）。

汶當（Bumthang）

從保濟卡山谷到汶當這段旅程可說是全程中最長的一段路程，估計約有七個小時的時間我們都在緊密的山林里川行著，整段公路一連跨越兩處最高點，即 Pele-La 站（海拔 3390 米）和 Totong-La 站（海拔 3425 米）。

汶當是不丹全國的宗教中心地帶（或說宗教的心臟地帶）。一些最古老的佛教寺廟和僧院都聚集在這裡。就如 Kurjey Lhakhang 這個既活躍且重要的寺廟，它是由三座廟宇所組成。其中最老的也是最主要的一座寺院乃建於 1652 年。“Kur”意即“身體”，而“jey”

意即“印記”。據說根本仁波切（Guru Rinpoche）於公元七世紀時來到汶當，在一個叫作 Dragmar Dorji Tsegpa（或稱 Red colored cave）的洞穴裡靜坐，在擊退了妖魔之後，留下他的“體印”於洞壁上。後人就在他留下“印記”的地方興建了這座 Kurjey Lhakhang，又稱“體印”寺廟（Temple of imprints）。除了 Kurjey 寺廟，尚有 Tamshing 僧院，它是 Pema Lingpa 於 1501 年所建，也是不丹國內一個至為重要的寧馬派僧院（Nyingma monastery）。院中的內壁牆上據說有 Pema Lingpa 所留下的繪畫真迹。

（註：汶當省區共由四個主要山谷所組成：Chokhor、Tang、Ura、和 Chhume 等山谷。但由於保壘僧院和一些重要的寺廟都座落在 Chokhor 這個較大的山谷裡，是以一般統稱之為汶當山谷（Bumthang Valley）。

我們在汶當逗留了兩日。走訪了不丹國內其中最大的一座保壘僧院 —— Jakar Dzong，僧院四周圍牆長達一公里。接著志旺又帶我們參觀了上述的 Kurjey 寺廟，以及 Tamshing 僧院。

來到不丹，我最大心願就是看山訪廟。是以每到一個地方，我都會要求志旺盡可能安排一些廟宇讓我去拜會。志旺對此似乎有點顧忌，老是問我是否有作好準備，說什麼萬一與神靈“溝通”不好惹上麻煩可就不好了。我笑著請他放下一百個心，絕對沒問題。他這才放

心的帶我去 "看" 廟。

　　我不知是否所有的不丹人都像志旺和司機那樣的虔誠和必恭必敬，每進入一處廟宇，見著神明便行五體投地的膜拜，讓人覺得不可思議之外，就是感動！

　　志旺不只熱心，而且很有耐心；總是靜默的守候在一旁，讓我有足夠的時間去同那不在的「在」作精神能量上的交流。對他，我除了感激之外，還是感激。因為也只有在不丹這樣的一塊淨土上，方能有機會與諸聖靈作如是純然的溝通。

　　我但閉上雙目，讓自己變成一根中空的管子，就讓一切自然發生吧，那不可思議的……。

　　不丹可說是這世界上唯一一個只信奉一種宗教的國家。信仰佛教對於整個不丹國家和它的人民來說，勿論是在人文、倫理、抑或是社會方面的發展都起著一種根本的作用。它滲入到所有階層人們的生活當中，從而激發起他們對這塊土地的尊敬和熱愛，並為它的福利作多方的設想。

　　撇開在不丹境內不論你走到哪兒都可見到 "廟宇" 不說，個人覺得不丹最具特色的地方該是它所處的地理環境了。喜馬拉雅共分三個地段：東喜馬拉雅、中喜馬拉雅、和西喜馬拉雅。而不丹就處於東喜馬拉雅，也是山脈最多和森林最為密集的地帶。在它的北邊是白雪終年覆蓋的高於海拔七千五百米的大喜馬拉雅山脈，從不丹邊境一直延伸至中國邊境。不丹的北區是一環終年結

冰的雪峰並有著北極般的氣候。由北往南走，大喜馬拉
雅的次山脈（支脈）也漸趨平坦，約在海拔二千至三千
米之間的中央山谷地帶就聚集了大部份的人口和城市。
不丹的首都天浦就位於西部地區。此區有多條河流注入
印度境內。

　　而喜馬拉雅山群一直以來都是較少人次造訪的地
方，這也間接的說明了它是這個星球上所僅存的最為純
淨之地，僅次於南極洲。

　　當我來到不丹的時候，志旺就告訴我所有不丹境內
的山峰是禁止攀爬的。不丹人愛山、敬山，都說喜馬拉
雅是他們的守護神。是以攀爬山峰對他們來說是對山的
一種冒犯跟不敬。

　　不丹人與山之間有著一種難以詮釋的感情，他們對
山的愛，是外界人所難以理解的。而這種難以理解的愛
正是外界人士與萬事萬物相處時所欠缺的！

　　告別了汶當這個充滿宗教情懷的地方，我們再次回
到巴羅，回到最初的落腳之處。

巴羅（Paro）

　　巴羅（Paro）除了是不丹國內唯一一個設有機場的
重鎮之外，也是其中一個人口最為密集之地。它還擁有
許多特別吸引人的地方，諸如巴羅國家博物館、巴羅保
壘僧院、奇珠古廟（Kyichu Lhakhang）、以及達善僧
院（Takshang Monastery）等等，足以讓你好好的在

這兒待上幾天尋幽探勝。其實有眾多愛好山林徒步旅行者都會來到這裡作徒步旅遊（Trekking）。據聞在不丹的山區作徒步旅遊要遠比在其他喜馬拉雅山區國家要困難許多，那是一項既漫長而又艱辛的活動，然而在那途中所獲諸如享有純淨的新鮮空氣、難得一見的山丘景色、美麗樸實的村落、以及一大片看不盡的綠野……這一切切就足以回報那艱苦的旅程了。

依據歷史記載，巴羅是不丹第一個接受佛教印記的山谷，這個有巴羅市內其中一座最為古老和最為神聖的 Kyichu Lhakhang（奇珠寺廟）為證。它是西藏松盛甘波王（Songtsen Gampo）於公元七世紀時所建。據說甘波王為了降服妖魔，一共興建了 108 座寺廟橫跨喜馬拉雅（Himalays）將妖魔的身體鎮壓於地底下。而 Kyichu Lhakhang 就是其中之一用以釘緊它的左腳；至於汶當的 Jampa Lhakhang 則用以釘緊它的左膝。以上所說皆屬 "神話"，其實甘波王先後在巴羅以及汶當興建 Kyichu 和 Jampa 寺廟意在作為佛教傳播之重地。只不過話說回來，珍貴的上師 Guru Rinpoche 曾於公元八世紀時來到 Kyichu Lhakhang 靜修，在此留下不可磨滅的珍貴聖跡！

我們在巴羅一共停宿了三晚，是全程中逗留得較久的一個市鎮。抵達的第一日已是午後時分。除了走訪當地的博物館以及保壘僧院，志旺還安排了一小段野外徒步讓我們步行到巴珠河邊（Pachu river），然後通過一道傳統的有蓋木板橋到河的對岸去拜訪上述的奇珠古廟，它就在巴羅市郊外。

　　次日。我們驅車到巴羅鄰近的 Haa 山谷，車程約莫一個半小時。這是不丹全國最高（指海拔）的一條汽車公路 —— Dantak 公路。當車子行經公路的最高點（Chelela 站，海拔 3988 米）時，志旺讓我們在此下車以領略身處公路最高點的那種感覺，以及觀賞周遭的美景。在天色許可的情況底下站在此處還可遠觀 "卓穆哈里" 峯（Mt Jhomolhari）的奇景。此峰高達海拔 7314 米。

　　汽車公路的兩旁是一片高低不平的山坡地，臨近山崖的一邊是一片相當壯觀的 "旗海" —— 那是一根根豎立起的旗桿，桿上掛著一面面白色的看似 "哈達" 的旗子，而在桿與桿之間則掛滿了五彩繽紛的 "禱旗"（旗上寫滿了禱詞），在風中搖曳著，遠看就似一條條隨風飄曳的五彩帶，真是美極了。那可是不丹人對天對神明祈福禱告的傳達信物呢！

　　是日天色良好，春陽慵懶，時有陣陣山風送寒意。對許多的不丹本地人來說，這高處並無 "不勝寒"，反而是他們和雪峯親近的好場所，他們不僅來此祈福禱告，也順帶一家子其樂也融融地在眾旗幟底下野餐、賞景。

　　我避開人群，獨自選了一處僻靜的地方站立。面對遠方冰雪覆頂的白色聖峯，我情不自禁的伸出雙手，有種想去觸摸伊底衝動……我與它相對而視了好一陣子，漸漸地我底視線變得模糊了，只覺得自己的一雙手竟自微微的抖動起來……抖動……藉著那個抖動，我與它（山）連成了一片……在能量的層面上交會……。

原來想要親近或者"贏得"一座山是無需去攀爬，更不需去征服它的。你只需熄滅一顆飽含"征服"的野心，而後帶著一顆平實的恭敬的虔誠的心去拜在它底腳下，然後，奇蹟就發生了……。

告別聖峯，我们到 Haa 山谷的小市場兜了一圈，再次回到巴羅。途中順道到 Drukgyel Dzong（現已是一片廢墟）去憑吊了一番。它是一位來自 Drukpa 學院的西藏喇嘛 Shabdrung Ngawang Namgyal 於 1646 年所建。這座 Dzong（保壘僧院）曾有過一段輝煌的歷史，也象徵着 Namgyal 本人的輝煌戰绩（打擊入侵的敵人）。不幸的是這所曾一度備受西方注目並出現在西方人的"國家地理雜誌"中的"Dzong"却於 1951 年被一場大火給燒毀，最終僅剩得一堆廢墟！

（註：Shabdrung Ngawang Namgyal 於 1616 年來到不丹。其時不丹尚未有"中央政府"的存在，而區域性的衝突則持續在發生。Namgyal 於是致力尋求統一這個國家，得到許多跟他來自同一個 Drukpa 學院的權貴的支持，在不丹西區的主要山谷地帶建立了 Dzong，也即是「保壘和僧院」的結合體；也因此創立了一個現有的宗教與俗世政府編結在一起的政治體

制。）

達善寺廟（Taksang Lhakhang）

　　第三日一大早。志旺便笑著問我們：「你們都作好準備了嗎？」

　　「什麼準備？」我滿頭霧水。

　　「攀爬"峭壁"的準備呵？」

　　「峭壁？什麼峭壁？」我有點驚訝。

　　「我今天就是要帶你們去登高看達善寺廟啦！」他稍作解釋。

　　「唉呀，說清楚點嘛，去那裡很難麼？」我緊接著問。

　　「差不多啦，那是你參加山林徒步的一個測試。如果你通過了這一關，那就表示你已經及格了，下一回就可以去作長遠的野外徒步啦！」志旺笑著說。

　　哦，原來是這樣，我迫不及待的想去試一試！

　　「那就趕緊上路吧！」我催促他。

　　關於"達善寺廟"在這裡有一個美麗的傳說 —— 相傳最珍貴的上師"根本仁波切"（Guru Rimpoche）在公元八世紀的时候從西藏騎虎飛越群峯來到不丹境内的巴羅山谷（Paro Valley），在一個山洞里靜坐長達三個月，之後就在他靜坐的地方建立起一座寺院叫 —— 達善寺院（Taksang Lhakhang），或被稱爲"老虎窩"（Tiger's Nest）。

　　個人覺得「達善寺院」是巴羅市，也是不丹國家的一個「地標」。來到這裡，不去拜會它就等於沒來過此地。

　　這座寺廟位於不丹西部巴羅峽谷之上 900 米高的懸崖上，海拔 3120 米。而有關這座寺廟的建築結構體系可說是一個 "謎"；它是建立在一個峭壁的垂直面上，違反了一般建築工程的邏輯。這令我想起了埃及的金字塔，同樣的不可思議。

　　其實志旺的顧慮也不是完全的沒道理，攀走山路上抵「達善寺廟」的確需要一定的體力和耐力。正是：前去此路多荊棘，山路不易行哪！上山大約需費二至三小時，加上下山，全程約需五、六個小時。

　　我倆被志旺說得有些兒沒把握，臨登高時趕緊先在山腳下的一個柺杖攤上買了兩根木條柺杖，一人一根準備好。

　　志旺見我們一副 "武裝"，半關心半玩笑道：「你們真走得了嗎？要不我帶你倆去租匹小馬騎上山？」

　　「不用不用！」我連忙回絕了：「我們沒問題！」我拍拍胸脯向他保證。

　　走山路對志旺來說是輕而易舉的事，他只是在擔心我們到底行不行；瞧他還是照樣穿著那雙發亮的黑皮鞋呢！我不可置信的搖了搖頭。

　　他於是伸出手接過我們身上的背包（那裡頭裝的都是飲用水和雨具），說是重的物件讓他來背，我們只須拿些輕便的隨身物就好，那樣可減輕許多負荷，說得也是。

我們隨著志旺走了一小段平坦山路方來到懸崖腳下。其時天色尚早，嬌陽半露，樹林里猶帶幾分薄霧，平添幾許寒意。

我站在崖腳下，隔著一段距離，抬首仰望竪立在眼前這座獨特的 900 米高的山崖，以及懸掛在崖壁上那座奇特的廟宇，在雲霧繚繞中，予人以一種虛幻的感覺。人間果真有仙境麼？我質問自己。

這山路果真難行，既是泥濘處處，又是遍地“黃金”，每往前踩一步，就得注意腳下是否有毛驢留下的排泄物。至此，真正做到了「看腳下」的功夫。這毛驢可是那些以驢代步的登高者的“上山工具”。正走著，有一小支毛驢隊伍擦身而過。騎在驢背上的有男有女，約莫有六、七人，由兩名養驢人帶隊；邊走邊吆喝，時而加上鞭打聲，而坐在驢背上的則尖叫連連，許是唯恐從驢背上摔下吧！真有趣。

見有毛驢隊伍，志旺忙叫我們閃到一邊去，免被撞上了。

等他們走遠了，志旺很不屑的說了：「上山朝聖就得一步一步走上去，以驢代步太沒誠意了！」

我在一旁聽了暗自吐了吐舌，幸好我堅持徒步上山。

攀登途中碰上幾個當地人，其中一個是七、八十歲的老者，瘦削硬朗的格子，背馱一簍筐，赤著雙腳，健步如飛，令我大嘆不如。

好不容易的才完成三分之二的行程，以為就快到了，可以鬆口氣了，誰知好戲還在後頭呢！接下來擺在眼前的是一望無際沒完沒了的石階梯，以各種不同的高度跟角度迎接著你，令人望而生畏！待攀爬到廟院門口時，已是有氣無力，軟攤成一團了。最後，還得強撐著再攀爬一小段陡峭的樓梯上 "正殿"，那梯級之間的高度（距離）約有一呎半，幾乎跨不上去。這也即是志旺所謂的欲「朝聖」就得先拿出勇氣和能耐來完成以上這些艱辛的過程，如是你方能以一顆謙卑之心來朝拜在聖靈的腳下。

達善寺廟始建於 1693 年，座落於 Guru Padmasmabhava（Guru Rinpoche 根本仁波切）當年靜坐過的山洞（Taksang Senge Samdup cave）的周圍。據說它的建造是受到大師的旨意。1998 年歷經一場火刼，之後又進行了修復。它是不丹境內最為神聖的一座佛教寺廟，共由四座廟宇（僧院）所組成，依山據地而建，廟宇之間有石階相通。

Guru Rinpoche（根本仁波切）又被稱為「蓮花生大師」，為公元八世紀印度密宗名僧。他原是烏萇國的王子；烏萇國位於巴基斯坦印度河上游及其支流史瓦河一帶。傳說烏萇國國王有一天在花園中散步時，無意中在湖邊發現一名嬰孩，躺在蓮花舖成的墊上。國王於是收養了這名嬰孩，並將他當成親生子來撫育。這個傳說後來就演變成蓮花生大師是由蓮花中出生的。他就同釋迦牟尼一樣，早年就放棄王子的身份出家成為一名僧人，後來證悟成為密教史上最重要的聖者之一。據說他神通廣大，法力無邊。他將佛法引進西藏，是西藏人心目中的「第二佛」。後來又從西藏將佛法引進不丹，不丹人視他為這塊土地的"保護神"，並尊他為「珍貴的上師」。

　　來到不丹，每到訪一處聖廟，我們都會讓志旺事先講述一段廟史，接著隨他四處參觀，最後才輪到我們自由活動。在自由活動的這段時間，我總找機會親近聖靈，試著站在供奉著聖者的塑像前雙手合十，小立片刻，以祈得到某種層次上的溝通。

　　即如在某些廟宇當我面對佛陀的塑像時，我底視線會不自覺的從佛陀的臉部慢慢往下移至他的「心輪」部位，而後定在那裡不動，我想這也即是它在某一層次上所欲給我的啟示吧！

　　而當我面對「根本仁波切」的雕像時，我底視線會不自覺的停留在塑像面部的第三眼（眉心）處，而後進行某種層次上的交流。而類似此種"溝通"卻也只能意會不能言傳……。

　　志旺說千辛萬苦才來到這裡，遂建議我到供奉著「根本仁波切」的殿堂內去靜坐一會兒，我欣然接受了他的雅意。

　　殿堂不大，此時正好無其他訪客，幾個小沙彌見我進堂來，都好奇的退守一旁，看我到底想做些什麼。我且不加理會，雙手合十對著大師的塑像深深地鞠了一個躬，而後盤腿坐在冰涼的地板上。面對大師莊嚴肅穆的臉孔（嘴角兩邊微微勾起，似含笑意），我輕輕的閉上雙目……就讓一切自然發生吧……那不可言傳的……。

　　此時此刻，我只是根中空的竹子。

　　真的很感謝志旺的多方配合，讓我有機會在此與聖靈作如是不可思議的交會。這可說是我此行最大的收獲！

　　走出達善寺廟，也就結束了我們在不丹的整個行程。心裡雖有點不捨，但卻有種「圓滿」的感覺。

　　是晚，我們在旅舍的餐廳與志旺跟司機一塊用餐，彼此相互道別。

　　席間，我語重心長的對志旺說：我謹以一個外人的身份，衷心的希望不丹能永遠保持「最後一塊淨土」的美譽。

　　可後來又聽志旺說起有關當局正準備在汶當興建另一座國際機場的事，我心里又有了某種隱憂：到底這一片淨土還能維繫多久？……畢竟魚與熊掌難以兼得，欲在「保留這一片淨土」與「追求現代化」之間取得一個平衡到底不是一件易事啊！

　　回到此地不久。志旺即捎來一封電郵，除了問候，就是問我們何時再造訪不丹；只因我臨別前曾向他提及再次回返不丹作徒步旅遊或找個地方作靜修的可能性。
我回說這不是我現今頭腦所能決定的事，一切得隨著心
走。我再次感謝他和司機對我們此行所作的一切服務。
最後我還特別提到達善寺廟，我說那個地方令我印象深
刻，是個靜修的好所在。而在此我也愿以"靈媒"
（medium）的身份向他道出「大師聖靈猶繫在達善，
但盼有緣人」。希望他勿錯過，有時間的話，多到達善
寺廟親近聖靈。

完　結　篇

　　走筆至此，我雙手合十，衷心的希望「聖靈」能維護不丹，我心目中的這塊淨土，永遠長存……。

　　然而，我似乎"關心"得過早了，冷不防中途殺出個程咬金 —— 毀滅之神「濕娃」。這個濕娃神是我去印度普那作靜修時所"結識"的。某日，我心血來潮，在奧修社區外面的一家小商店閒逛，無意中看到一件無領無袖的吊帶襯衫，襯衫中央就印製有濕娃神的圖像，我二話不說便買下它，穿在身上，然後試著以手心輕輕按壓在胸口那塊有著濕娃神的圖案上，不想我底手竟微微的顫動起來……，而我就是這樣愛上濕娃神的！很神奇，是不？後來，我在「印度東北遊」途中又買了一小尊銅雕濕娃神帶回家供著。這濕娃神雖然面呈忿怒相，可卻予我以一種莫名的親切感。

　　這尊舞動著的濕娃神（The dancing Shiva）突地跳到我面前，面露猙容，說：「這世間有創造，就有毀滅。要永保這塊淨土，不可能！」讓人聽了很是泄氣。

　　濕娃神似是看穿了我底心思，遂道：「先別泄氣，等你到了山頂，就一目瞭然了！」

　　什麼山頂？我摸摸頭。原來我還有好一段路要走呢！還是趕緊繼續上路吧！等到了山頂再與您說去。

　　靜坐、騎牛、且觀照……。

　　二〇一四年二月七日（元月初七）初稿（全文完）